地震・水害・台風・土石流…など徹底対策！

災害に強い家はこうつくる

家を建てる前、絶対に知っておきたい
防災のツボ

七呂建設代表取締役社長　一級建築士
七呂恵介

青春出版社

はじめに

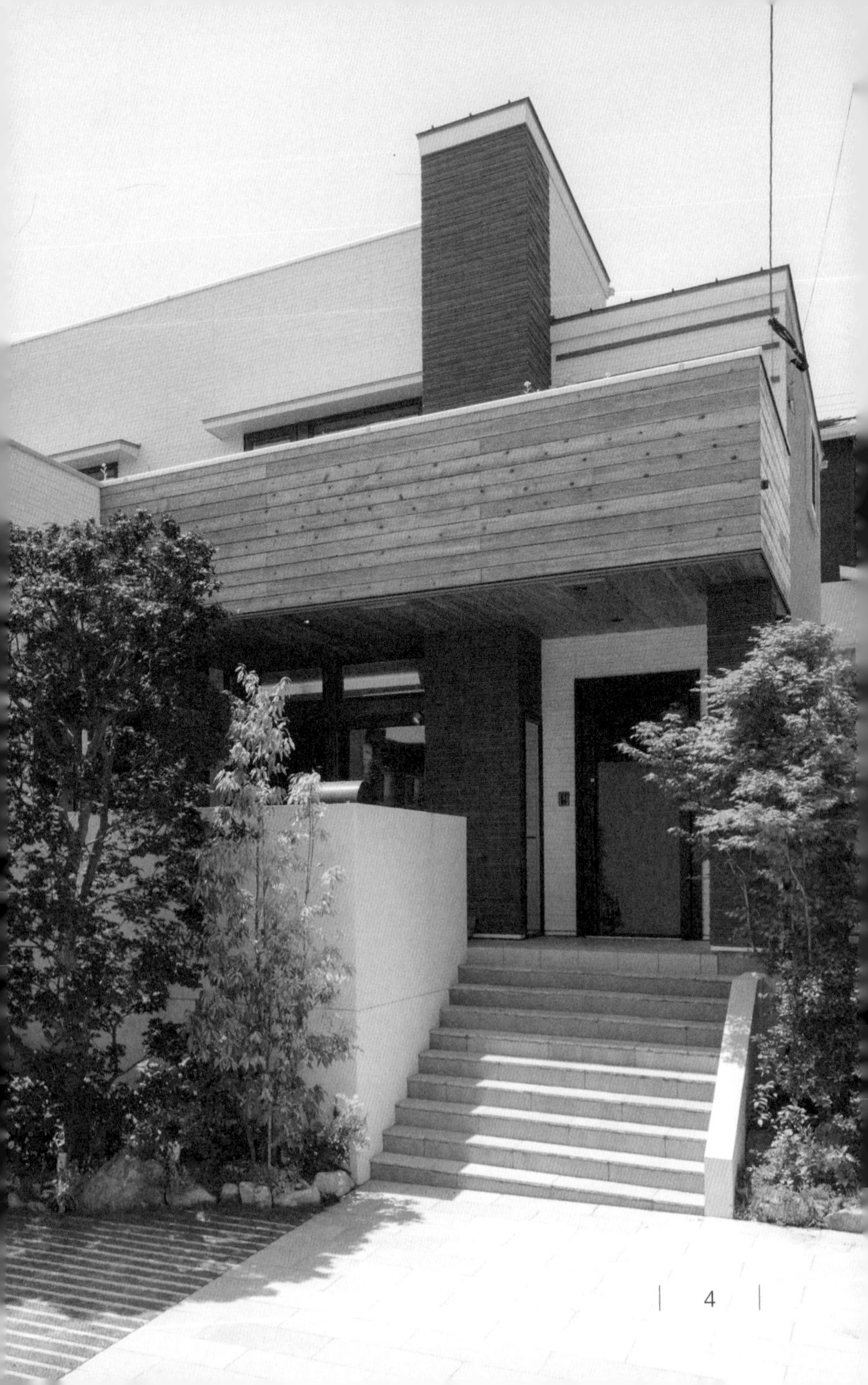

あるとき、
「災害に強い家は
どうつくるんですか？」
と聞かれ、
悩んでしまいました。
なぜかというと、
当たり前すぎたからです。

家という場所は
住む人の
暮らしを支え、
生活の、人生の土台と
なるものです。
だから家が安心・安全なのは
当たり前。

私にとって、
いや、家をつくる側にとっては、
当然の前提だと思っていたのです。

ところが、
その当たり前だと
思っていた
私たちの取り組みを
説明すると

「知らなかった」

「うちとは違う」

「そんな技術があるんですね」

と言われ、
なるほどと思ったんです。

私が当たり前だと
思っていることでも、
一般の人は
知らないかもしれない。
ちょっとやそっとの地震や
水害があっても
「この家なら大丈夫」と
安心して暮らしてほしい。
家事の手間は間取りで激減できるし
(つまり日々のストレスだって激減できる)
病気などのリスクだって
家のつくりで減らせることを知ってほしい。

そうしたことをうまく伝えられれば
私の願いでもある、
建築で世の中を良くしていくことに
つながるかもしれない。
それが本書を書くきっかけです。
近年、日本で大きな災害が
頻発しています。
この国に住む一人ひとりが、
安全な家で安心して
暮らせるように
この本が少しでも
役に立つことを祈っています。

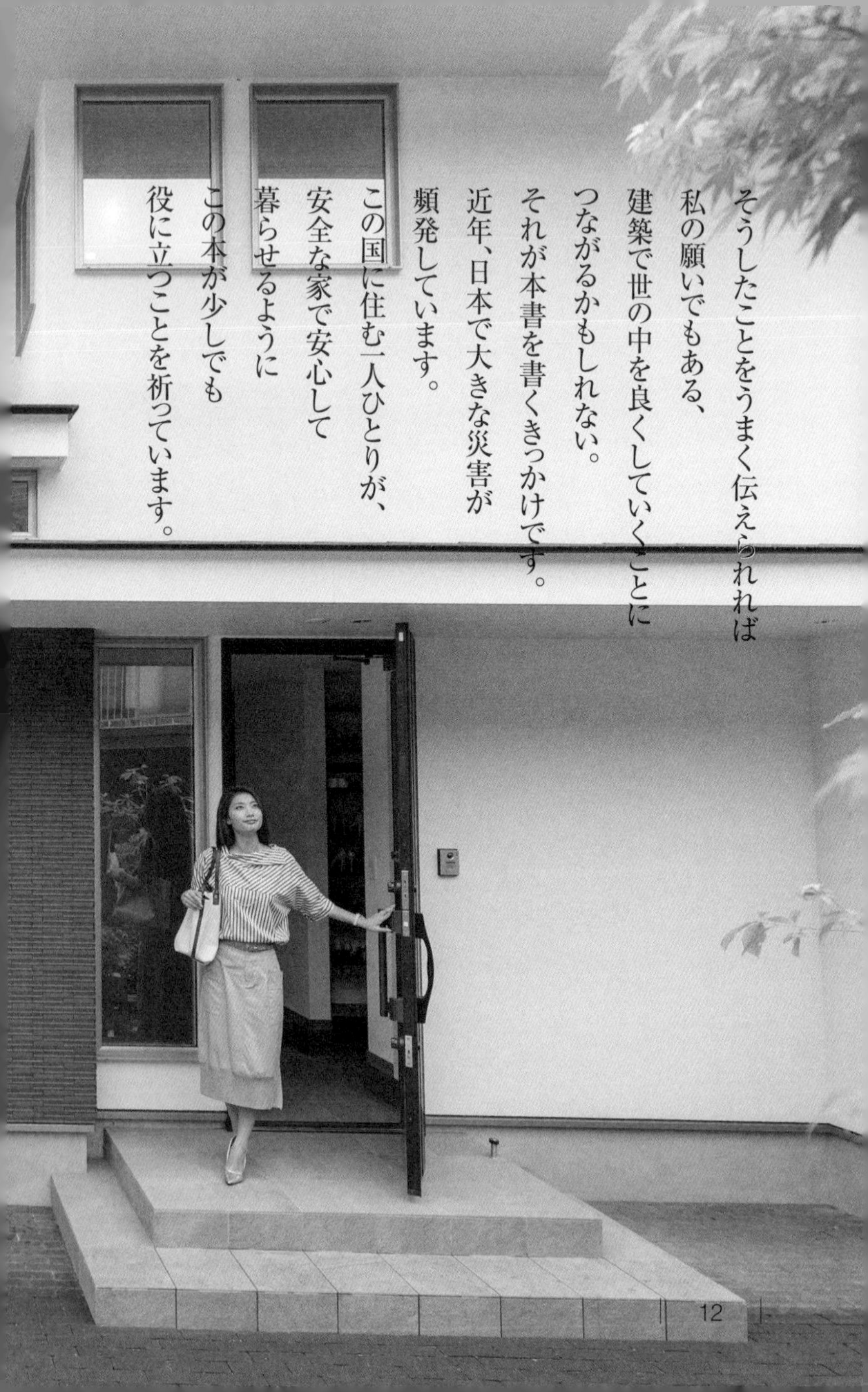

七呂建設
代表取締役社長
七呂恵介

地震・水害・台風・土石流…など徹底対策！

災害に強い家はこうつくる【目次】

第3章 「水害・台風に強い家」はこうつくる …… 55

第4章　「病気とウイルス感染を防ぐ家」はこうつくる

第6章　心が豊かになる家づくり

第1章

災害に強い家をつくるには

安全・安心・快適な家のつくり方

日本の災害に対して安全な家とは?

私は鹿児島県を中心に、たくさんの自由設計の家を建ててきました。

家づくりを通して常に思っていることは、「建築を通して、世の中を良くしたい」「少しでもいい家に住んでもらいたい」ということです。

では「いい家」とはどんな家なのでしょうか。

「家族みんながくつろげるリビングがある」「庭が広い」「頑丈」「セキュリティがしっかりしている」や、「雨露をしのげればいい」だったり、「人に羨《うらや》まれるのがいい家」という人もいるでしょう。何に満足するのかは、人それぞれです。だからこそ、家を建てる際、お客様の希望をどれだけ叶えられるかは、とても大切なことです。

注文住宅の家は、現場ごとに工事をする完全オリジナルの商品ですので、職人や現場監督などが現場で仕事ができるエリアでしか、七呂建設は仕事はできません。しかしながら、メディアの報道を通して、災害で被害にあった日本各地の建物を見ると、私は心が痛みます。そして、その建物の被害はなぜ起こったのだろうかと考えてしまいます。

中には、災害の知識があったり、対策をしていたら被害を防ぐことができた建物もあったかもしれません。もちろん災害の規模によって、完全に防ぐことはできないものもありますが、同じ災害にあったのに、災害を考慮に入れた建物は無事で、何も対策をせずに建てた建物が倒壊しているのも事実です。

私としては、今から家を建設したり、購入したりされる方々に、少しでも知っておいていただけたら役立つ知識があるのではないかと思います。

最も気を付けるべき三つのポイント

一口に災害と言っても、家屋に大きな被害を与えるものは、地震、台風や豪雨による土石流、堤防決壊による床下及び床上浸水など様々です。原因が違えば対策も異なります。木造と鉄筋コンクリート造、建っている土地の地盤や地形、平屋か2階建てかなどでも、すべき対策は変わってきます。

気を付けるポイントを大きく分けると、以下の三つです。

❶地震や台風の被害を減らすため、耐震性を高める
❷大雨や地震による土砂災害を防ぐため、安全な土地を選ぶ、または対策する
❸家も人も健康になるため、きれいな空気を換気する

❶の耐震についてですが、建築基準法の基準を満たした家なら、震度6強〜7といった大きな地震でも一度は耐えられます。しかし、建築基準法の基準は倒壊しないためのルールですので、家に損害は受けてしまいます。そのため、二度目、三度目の揺れには耐えられずに倒壊してしまう可能性があります。近年の日本では災害が頻発していますので、建築基準法の基準以上の対策が必要になると思います。その具体的な方法は第2章で詳しく説明します。

❷の土地についてですが、住宅などの建物は基本、地面の上に載っています。ですので、建てる土地の強度や地形は大切になります。そこで安全な土地を選ぶことは重要です。しかし、持ち土地であることなど土地を選べないケースもあります。そのときは、その土地の地形や地層に合わせた対策方法を取ることが必要になります。

地形に起因する災害としては、崖崩れや土砂崩れ、河川の氾濫などがあります。また、地層、地盤に起因するものとして、地盤沈下や液状化、土の流出や流入などがあります。

まずは土地選びの段階で、前述のようなことが起こりそうな場所でないか、現地で確認したり、ハザードマップで調べたり、建築士や土地家屋調査士などの専門家に意見を聞くことが大切です。

次に、建物の設計や土地の造成工事前に地形や地盤に応じた対策として、杭工事や地盤改良工事、擁壁《ようへき》工事、建物の基礎形状を検討することが重要となります。詳しくは第2章で解説します。

❸は家を長持ちさせることと、住む人の健康を考えたら、空気の流れ、つまり「換気」と「通気」および空気の質が大切になります。家は主に壁の内部、天井裏、床下、屋根の下などの普段見えないところの「通気」を考える必要があります。なぜなら、そういう場所に湿気がたまると、木材の腐れやシロアリの発生につながる可能性があります。その腐れやシロアリなどが、家が災害に対しての耐える力、粘り抜く力を弱めてしまい、長持ちしなくなります。

住む人にとっては、屋内の空気をきれいにすることと、快適な温度と湿度に保つことが、健康に影響を与えます。そして、その実現のためには「換気」を考えることが重要になります。また、家の「通気」も屋内の空気のきれいさ、快適さに影響を与えます。つまり、「換気」と「通気」は人の健康にも、家の健康にも大切です（第4章で詳しく解説します）。

コロナ時代以後の家づくり

世界に一つ!?　七呂建設にある制震システム模型

住む人が快適に、安全に暮らせる家のために、日々研究・開発しているハウスメーカーや工務店はたくさんあります。実験として面白かったものを一つ紹介してみます。

皆様の中には水害のときに家が流されていくのを映像で見た方もいるのではないでしょうか。あの現象は浮力で家が浮いてしまうことで起きるのですが、それを利用して水害に耐える住宅をつくる実験が存在します。

その実験では水位が上がると、浮力を利用してわざと家を浮かせてしまい、浮いた状態の家と基礎をダンパーで固定して流れることを防ぎます。そうすれば、床上には浸水しないということらしいです。

そして水位が下がったらダンパーが縮んで基礎の上に家が戻ってくる。このように記憶しています。たしか、細かい構造についてのこだわりもありましたが、何よりも浮力を逆に利用した「浮上タイプの家」という発想が面白くて社内に回覧しました。

ただ、実際にそんなことをしたら、基礎と家の間には土砂や瓦礫が入り込むのではないだろうか……などと考えてしまい、社員とも談義したのを覚えています。

ちなみに七呂建設では、基礎と家の柱をホールダウン金物で繋いでいます。そうすることでギリギリまで浮力で家が浮かないようにしているのです。

家へのダメージを大幅に防ぐ制震（制振）や免震システムもたくさんの企業が開発し、実用化されています。このように、日進月歩で色々な技術が開発されているわけです。

私も建築技術が専門です。どうすれば地震や風などの揺れに強い家がつくれるのか。どうすれば効果的に換気ができ、夏は涼しく、冬は暖かく過ごせるのか。どうすれば住む人が健康に過ごすことができ、病気を防ぐためにはどんな工夫ができるのか。

そうしたことを、常日頃から考え、情報収集し、研究して、お客様にとって少しでも快適で安全で得になるような家をつくりたいと考え、日々研究を続けています。

たとえば制震システムですが、採用する前に複数の会社から資料を取り寄せ、営業マンに機能について徹底的に話を聞きました。最初は私の質問内容が専門的すぎて、メーカーの営業担当はおろか、責任者の方からも納得できる回答が得られず困ってしまいました。そこで、制震システムの開発担当者に直接会えるように頼んでみました。そうしたところ、快く鹿児島まで来て下さることになり、晴れて開発担当者本人から実験中のデータなども見せてもらい説明を受けることができたのです。それを何度も繰り返して、納得してから何を採用するか決めました。

そして、最終的には実際に建物を揺らして効果を見るための模型を本社につくって設置するところまでしています。お客様にとっては、難しい説明よりも、見たほうがわかりやすいし、楽しいはずです。それに社員の勉強にもなります。メーカーの実験場以外では、実物大で、地面を揺らす模型は、世界で七呂建設にしか存在しないのではないかと思っています。お客様からも評判ですし、我ながらいい考えだったと思っています。

模型をつくらされた社員から、「そんな模型が室内にあったほうがいいと？　本気ですか？」と半信半疑の視線を向けられながらも決行した甲斐がありました。なお、採用しなかった他の制震システムが劣っているというわけではなく、七呂建設の家には機能的にもコスト面でも合っているものを選んだということです。

また、屋根の断熱性を高めるにはどの方法がいいのかを試すため、会社の敷地に異なった断熱を施した屋根の家を建てて実際に比べてみました。このときも「そこまでする必要がありますか?」と、社員から呆《あき》れられてしまいました(笑)。が、「実際に家を建てて調べた結果、こういう数値が出ました」と言えるのと言えないのとでは大きな違いです。しかもそのときはコストが安いほうが断熱性に優れていました。少しでも安く家を建てられるので、お客様の利益にもつながります。

家に求められるものが変わった

私は、平成と令和で「家」に対する考え方が大きく変わったと感じています。平成では「価格」「設備」「立地」の三つが優先されていました。

価格とは「予算を優先する」ことです。長きにわたるデフレの時代だったので、安いものが良いものとされていました。設備とは住宅設備のことで、システムキッチンや浴室乾燥機など、様々な「新しい機能」が好まれました。立地とは、住み心地の良さよりも通勤や通学、買い物などの便利さを優先させることです。

その価値観は徐々に変化し、安いよりもお客様の個性・好みを重視したもの、目新しい設備よりも本当に必要な機能、立地の良さよりもいかに快適に過ごせるか、などが大切になっています。

そして令和3年の今、「くつろぎ」「多様性」「除菌・消毒」が重視されていると私は感じています。平成といっても30年と長く、ITなど技術も著しく発展しました。その間、人々の考え方、価値観、感性は変化してきたわけで、令和になって急にガラリと変わったわけではありません。2010年代後半は、「働き方改革」による労働時間の短縮がさかんに叫ばれていました。そして新型コロナウイルスの流行により、「ステイホーム」が求められ、家にいる時間が激増しました。家にいる時間が増えたことで、より「くつろぎ」が重視されるようになったのではないでしょうか。

また、「多様性」が求められるようになりました。かつてはもっと横並びというか、「よそと違う」ということはあまり好まれませんでしたが、いまは施主さんがこだわりをもって「ここはこうしたい、ああしたい」と求められるようになったということです。実際に2019年7

月29日の読売新聞「住」欄で、「人口減少や少子高齢化で新規住宅着工件数が減り続ける中、建築家に設計を依頼して一戸建てを建てる人が増えている」という記事が載っています。自分たちのライフスタイルに合った機能やデザインを求める人が増えているということで、注文住宅メーカーとしては、非常にやりがいを感じています。

そして「除菌・消毒」です。新型コロナウイルスの流行により、「家にウイルスを持ち込まない」という考え方が重視されるようになったことに驚きを感じています。たとえば玄関に手洗い場を設置する、天井にウイルスや菌の活動を抑制するための装置を設置するなど、これまではあまりなかった需要が、突如として生まれました。まさに新しい生活様式だと感じています。

現在、かつてないほど「家」に人々からの注目が集まっていると感じています。「家」は快適な生活をする場所であるのと同時に、命を守る場所でもあるのです。

では、どんな家だと安全で快適なのか。これからの時代はどういった住まいが求められているのか。次の章から、〝災害時でも普通に暮らせる強い家〟について考えていきたいと思います。

第2章

「地震に強い家」はこうつくる

地震に強い家にする工夫

家によって対策を変えなければいけないワケ

この章では、「災害に強い家」とはどういうものなのか、特に地震に強い家についてお話ししていきます。「地震に強い」と一言でいっても、ただ「頑丈にするだけ」で十分というわけではありません。家の地震の対策は主に「耐震」と「制震（制振）」の二つがあります。耐震とは、家の構造体そのものの強度を向上させることで、地震の〝揺れに耐え〟て、建物の倒壊を防ぐことです。木造住宅では、使用する部材の強度や数量を増やして、建物を強固にすることで耐震性を高めます。制震とは、繰り返し起こる揺れ、たとえば熊本地震のように震度7が2回起こるとか、何十年も経過するうちに何度も地震を経験するといったようなことへの対策です。家の揺れを制御・抑制するもので、専用の装置を設置します。制震については、後ほど詳しく説明します。

日本で建物を建てるためには、建築基準法を守らなければいけません。耐震については、1981年に建築基準法が改正されており、それ以降に建てられた家は新耐震と呼ばれていて、それ以前の旧耐震とは建築のルールが変わっています。また、2000年6月にも建築基準法は改正されて、木造住宅に求められる耐震性が強化されています。

しかし、これらは日本に建てる建築物の全てにあてはめたルールですから、その基準は最低限のものとなっています。なぜなら建物を建てる条件は千差万別で、建物の形状も違うし、建てる地盤も違う、災害が起きる可能性の高さも違うからです。その中で、一番厳しい環境に合わせると、強度が不必要に高くなりすぎますので、全てにおいて最低限の基準をクリアしていればOKというルールになっているのです。

ですので、法律を守っているから全て大丈夫というものではなくて、状況や条件に応じて、その都度、対策を考えたり設計したりすることが大切になります。

ちなみに中古物件を買いたいという場合、「新耐震基準前」の1981年6月より前に建てられた住宅であれば、地震に弱い可能性がありますので、専門家の耐震診断を受けることをおすすめします。

まずは耐震性を高めよう

まずは耐震性を高めることが地震に対して強い家にする基本です。**耐震性能を高めるうえで重要なのは、住宅を支える「基礎」「柱」「梁《はり》」「壁」の構造体と、それらをつなぐための接合金物です。**ここではそのうちの「柱」と「梁」と「壁」について説明します。

その1・柱に頑強な素材を使う

柱は建物自体の重さや人や家具などの物の重さ、また雪の積もる地域でしたら屋根の上の雪の重さを支えます。この重さは一時的なものではなく、建物が存在している間ずっと支え続けます。そしてその重さは柱の下にある基礎、さらにその下の地盤へと伝わっていきます。ですので、本来あるべき所にある柱がなくなったり、折れてしまうと重さを支えているものがなくなるので家が倒壊してしまいます。

木造住宅の場合、柱に木を使用していますが、木はまっすぐ立っている状態で鉛直方向への重さに対してとても強い力があります。一本の柱（10・5㎝×10・5㎝）で長さによっても異なりますが、約4tの重さに耐えることができます。

また、木には杉や檜・松などの種類がありますが、種類によって強度が異なり、檜は杉に比べて約1・3倍の重さに耐えることができます。支える重量や柱の本数と長さなどの条件および建てる地域などの状況が異なると、一概にどの樹種が良いとは言えませんが、弊社では柱に檜を使用しています。針葉樹である檜にはセルロースが多量に含まれ、それが束状になって強度を高めていると言われています。また、檜は育てるのに時間がかかり、杉と比べて同じ大きさになるまで2倍の年数がかかるそうです。その分、年輪がこまかく密度が濃くなるというわけです。

檜の国産材は、丈夫さでいえば日本最高の木材と言えます。古くから寺社仏閣などに使われていて、歴史的建造物の法隆寺（1400年前の建造物）や、伊勢神宮などの拝殿でも使用されています。

その2・地震に耐える素材で梁をつくる

梁は上に載っている屋根や床の重さを支えて、その荷重を柱へと伝えます。梁に使われる木材は、通常木が立っている方向を横向きにして使用するので、柱で使う木にかかる〝押しつぶそうとする力〟ではなく、主に木を曲げようとする力が梁にはかかります。ですから、梁に使用する木で大切なのは、いかに曲がらないか、たわまないかということになります。ちなみに「木」の性質として、曲がって耐えて、また元に戻るという「弾性《だんせい》」や、粘り強さ「靭性《じんせい》」という特長も別にあります。

そこで弊社では無垢《むく》材と比べ、曲げ強度が梁一本ごとに強度設計されているエンジニアリングウッドを使用しています。エンジニアリングウッドとは、木材を厚み30㎜にスライスしたものを何層も重ねて接着し、強度を高めたものです。

お客様からは、接着面がはがれる可能性について問合せをいただくこともありますが、接着面の強度は木材部分よりも高いため、その心配はありません。実験で限界以上の力を加えても、割れたり、折れたりするのは、接着面とは無関係のところが先です。乾燥も均一に行われるため、施工後に木が変形する心配もありません。弊社の梁は、北緯58〜62度間で採れる世界でも強度の高い「欧州赤松」を日本で加工して使用しています。

その3・耐力面材で壁を補強する

地震や風などは横の力（水平荷重）です。壁は地震や風などの水平荷重に耐えるために重要

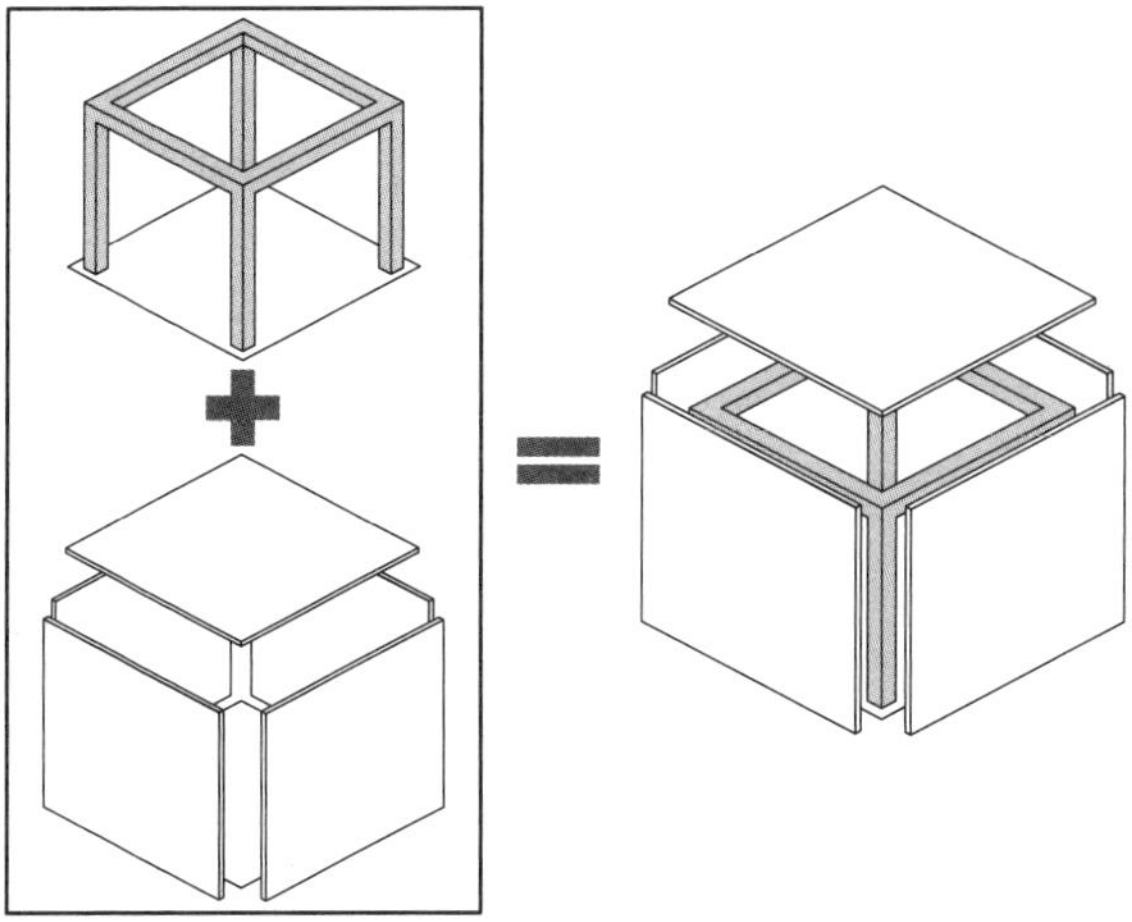

耐力面材を使用したモノコック工法

です。水平荷重に耐えるために筋交《すじか》いや特別な素材などで強化した壁を「耐力壁」と言います。建築基準法では強い地震や風に耐えられるよう規定されていますが、「耐力壁」の数の多寡で家全体の耐震性の強度が決まります。

弊社では柱・梁・土台の構造材に「耐力面材」を全面に張るモノコック工法で、家の耐震性と耐久性を向上させています。地震などの横の力に対して、一般的な筋交い工法が「線」で耐えるのに比べて、耐力面材を使うことで「面」で耐えることができるので、1・5倍の強度を誇ると言われています。

大きな地震で家の耐震強度は落ちる

木造建築の耐震性を高めるためには、筋交いを入れて補強するという方法が一般的です。壁の中に筋交いをたくさん入れるとそれだけ地震に強くなります。

しかしながら実際には、熊本地震では、耐震等級2の建物でも1回目の地震では倒壊しなかったけれど、2回目の大きな揺れで倒壊したケースがありました。その理由は1回目の揺れには耐えられても、壁の中では筋交いが折れてしまったり、足元で外れたり、筋交いと柱を固定する金物が曲がったりして、耐震性能が低下していたからです。2回目の地震が来たときには筋交いの効き目がなくて倒壊しました。このように、壁の中の見えないところで筋交いなどの耐力壁が壊れていることに気付かず、そのまま補強をしなかったため倒壊してしまうということがあります。

耐震性能を高めるということは倒壊しないように固く強くするということです。しかし、大きな地震を経験すると、一定の力以上で一部の部材が破壊され、耐震強度が落ちてしまいます。そのままの状態でいると、一度の地震には耐えても次の地震には耐えられないということが起きてしまいます。

縦揺れ・横揺れに強い制震の仕組み

そこで重要になってくるのが「制震（制振）」です。制震とは、地震の「揺れを吸収」する役目のことです。建物内部に油圧式のオイルダンパーやゴム製のダンパーなどの制振部材を組み込むことで、揺れを抑えられます。オイルダンパーは車のショックアブソーバーの技術を応用したもので、大きな揺れから小さな揺れまで対応でき、台風などの強風にも効果的です。また、ダンパー自体が小型で、家の周りに設置するため、大型のダンパーと比べて家の間取りに制約が少ないのも特長です。

ゴム製ダンパーには、特殊高減衰《こうげんすい》ゴムが使われており、このゴムは伸び縮みして地震の揺れを熱エネルギーに変換する力があるのです。変換された熱は空気中に消えるため、結果的に地震のエネルギー（揺れ）を吸収してくれます。ゴムの性質として伸び縮みしても元の形に戻るので、繰り返される揺れにも効果的です。

こうした制振装置は縦揺れにも横揺れにも強く、家が歪《ゆが》まないようにするので、結果的に倒壊を防いでくれます。このゴム製の制振装置の良いところは、小さな揺れにも効果を上げることです。先に挙げた耐力面材は釘で固定しますが、揺れが繰り返されると釘が緩んだり、面材の釘穴が広がったりしてダメージが蓄積し、耐震効果が徐々に弱まってしまいます。この制震装置ならそれを防ぐことができるワケです。

建物の高さが高くなるほど、揺れは大きくなりますので、2階建て以上の家屋にはおすすめです。

一方で、大きな横揺れに強いのが減震摩擦工法です。基礎のコンクリートと土台の木材の間に重なった金属の板が、揺れに対して反対側の力を加えることで、地震の揺れを軽減するというシステムです。制振装置は地震によって家が歪むのを減少させますが、減震摩擦工法は地面の揺れに対して家が揺れるのを減少させます。震度7の地震が来たときに、震度3とか4とかにまで減らしてくれるわけです。ただしこれは横の揺れに対してであって、縦揺れに対する効果はあまりないようです。平屋の大きな家屋でしたら、減震摩擦工法のほうがマッチすることもあります。

地盤が弱い土地はどう対策する?

家の倒壊を防ぐために、建物自体の耐震性が重要なのは当然ですが、地盤も揺れに大きく影響します。2000年以降の新築戸建ては、主に新築住宅瑕疵《かし》担保責任保険に加入することが義務づけられました。その加入条件の中に、建築前に地盤調査を行い、地盤が悪ければ地盤改良工事、または杭工事をすることになっています。

国土地理院の土地条件図(https://www.gsi.go.jp/bousaichiri/lc_index.html)では、地盤の良し悪しを推測することができます。分譲地に造成される以前の地形が、台地・段丘なら地盤が良く、地震の揺れによる液状化のリスクは小さいとされています。一方、谷を埋めた地形や沖積《ちゅうせき》地層では、多量の水分が土中に含まれた状態で地震によって揺れることで、液状化を引き起こす可能性があります。

もし、地盤が弱いことがわかったときは慌てずに専門家に相談しましょう。軟弱層(強度が

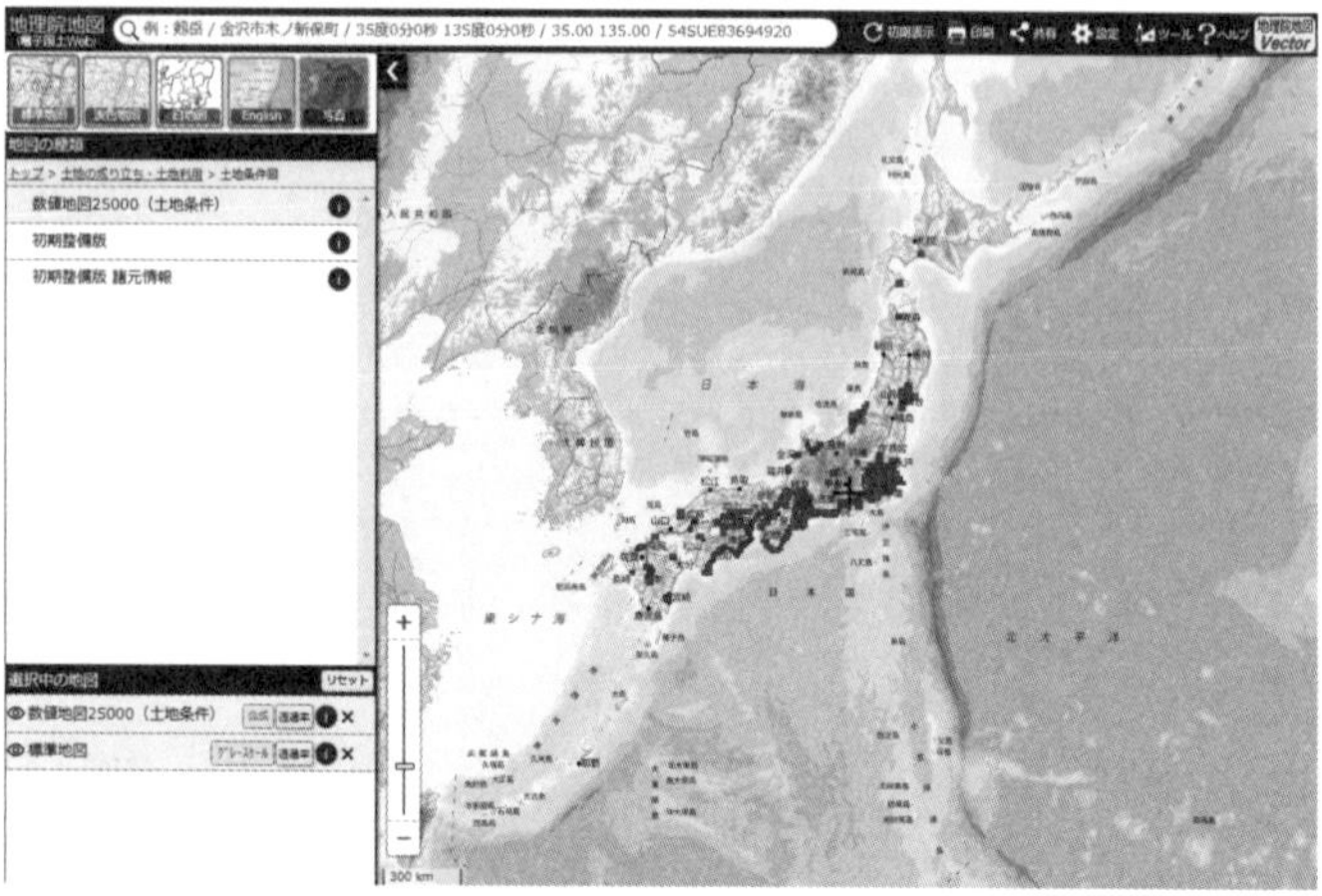

地理院地図　土地条件図（「数値地図25000（土地条件）」）
https://www.gsi.go.jp/bousaichiri/lc_index.html

出ないズブズブの地盤）の深さや範囲により建物が傾くリスク、液状化のリスク、土砂崩れで地面が流れ出てしまうリスク、逆に土砂崩れにより他の土地から土砂が流れ込んでくるリスクなど、地形や地盤の状態によって様々なリスクが想定されます。

しかもそれは平常時だけではなくて、大雨のとき、地震のとき、地震と大雨が重なったときなど、気候によっても大きな影響を受けてしまいます。したがって、建てる土地に応じて、とるべき対応策が異なってきます。そのために、地盤の専門家が存在しているのです。

それでは代表的な対応策について簡単に説明いたします。

地盤改良工事としてポピュラーな方法に「柱状改良工法」があります。地中にアースオーガー（大きなドリル）で穴をあけ、良好な地盤まで掘ります。その過程でセメントを注入して土と混ぜて撹拌《かくはん》することで地盤を強化する仕組みです。柱状改良杭は深さ８ｍまで施工が可能です。

小規模な建築物（戸建て住宅など）の建設時によく用いられる地盤改良工事として「砕石パイル工法」があります。

柱状改良工法と同様に地中に直径40㎝の穴をあけ、そこに天然砕石を充填《じゅうてん》して、締め固める方法です。柱状改良工法と違い、セメントを使わない工法となります。また、液状化のリスクがある地盤では、液状化対策の工法として用いられます。

ほかには、「小口径鋼管杭工法《しょうこうけいこうかんぐいこうほう》」という方法があります。これは鋼管（鋼製の管）で地中から建物を支える杭工事のことです。地中深くの固い地盤まで杭を打ち込むことで、建物を安定させます。この工事は、狭い土地など重機を搬入しにくい場所にも適しており、工事にかかる日数が数日程度と短期間で済むのも利点です。

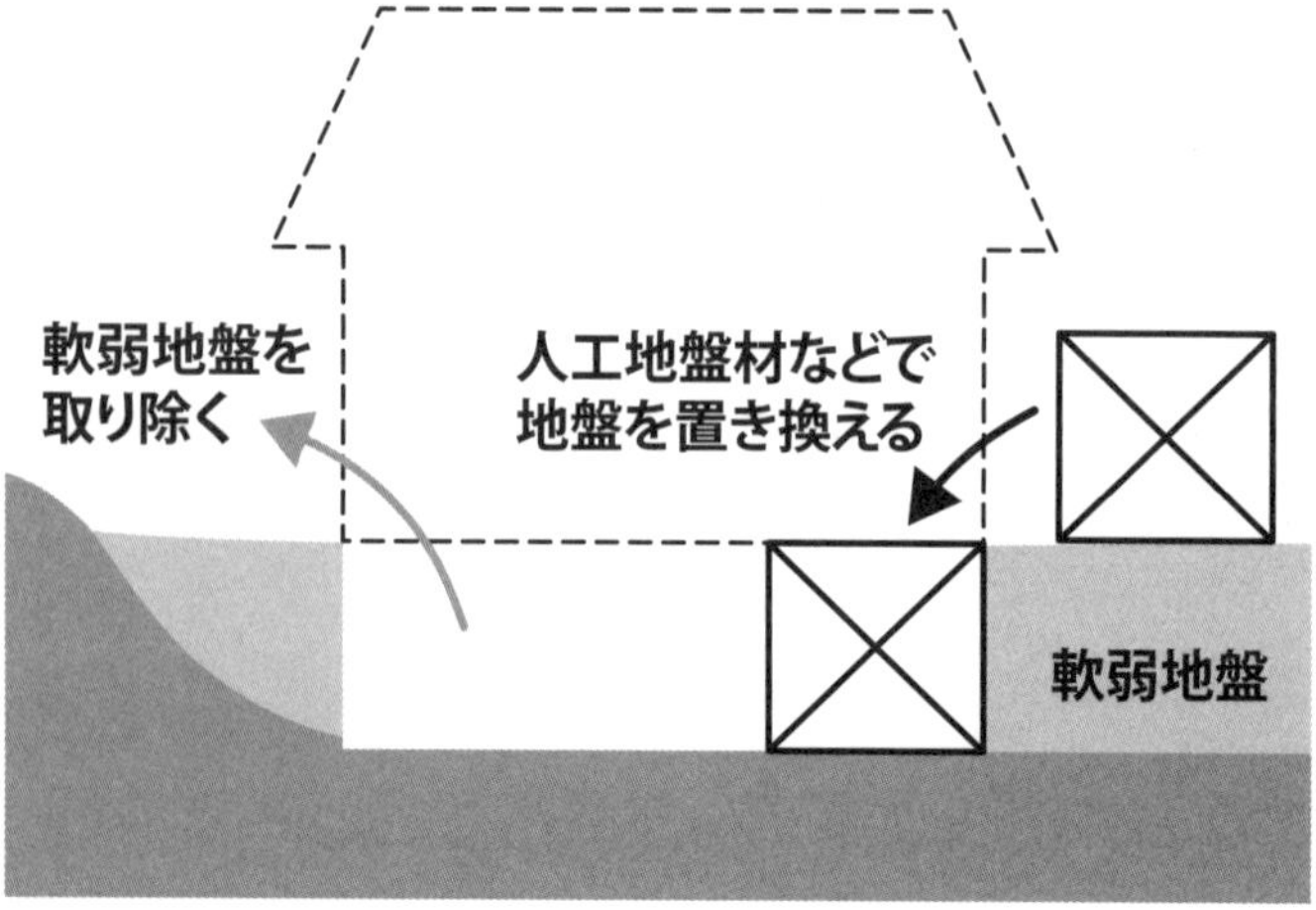

置き換え工法で軟弱地盤を強固な地盤に変えられる。置き換える素材によって費用や耐久性は異なってくる

さらに「置き換え工法」があります。置き換え工法とは、該当する土地の軟弱な表層地盤を採掘して、その部分を強固なものに置き換えて強い地盤にしてから家を建てる方法です。置き換えるのは、良質土（砂、砕石）や強固な無筋コンクリート（ラップルコンクリート）などです。それにより地盤沈下が減少すると言われています。

注意点は、地盤の軟弱層が残っていると、置き換え工法をしてもその効果は相当低減されるため、確実に軟弱層を除去する必要があることです。

地震保険では、地震で罹災《りさい》したときの損害の程度（全損、大半損、小半損、または一部損）

によって、支払われる保険金額の比率が変わってきます。たとえば、「平成29年以降（保険始期）」の「全損」でも支払われるのは、保険金額の50％が限度です。しかし一部の「置き換え工法」では、地盤が地震に強くなることが実証され、保険会社にもその事実が認められているため、一部損であっても保険金として被害の修理代が上限1億円まで支払われるようです。

テレビ、棚、窓ガラス…地震が起これば凶器に!?

大きな地震では、地盤や家だけの対策で十分というわけではありません。大地震が起きると、様々な家具が危険を招く場合があります。気象庁では震度階級を0から7の10段階に分けて、震度6強では「固定していない重い家具の多くが移動、転倒する」と記しています。食器棚や本棚、テレビなどが一瞬で凶器と化すのです。実際、阪神淡路大震災の際は、自宅で亡くなった方が8割以上と言われています。家自体を倒壊しないよう強化しても、自宅の家財で大きな怪我を負うことや、場合によっては命にかかわることもあるわけです。

その一番の対策は、新築の住宅なら家具などを「造り付け」にすることだと思っています。

造り付けとは、建物を建てるときに、家具などを柱につないだり壁に留めた状態にすることです。最近は、テレビの壁留め付けニーズは非常に高く感じます。これはどちらかというと、デザインや空間をシンプルに見せる使い方によるところが大きいですが、結果的には災害対策としても効果は抜群です。

さらにテレビボードにＤＶＤプレーヤーなどの機器を入れるのがふつうですが、機器を収納するスペースを変えて、テレビを留めた壁の裏側に機器を置き、テレビからの配線も壁の裏を通して機器と接続します。機器の操作部分は壁にスリットをあけて、機器を置いてあるカウンターだけをリビング側へ飛び出させます。そうするとリビングから見たとき、テレビまわりがすっきりしますし、テレビ裏のスペースはリビングの収納としても使用できます。

造り付けにしない場合、タンスや本棚などは必ずしっかり固定するなどで、対策をすることができます。東京都の防災ホームページ「東京防災」(https://www.bousai.metro.tokyo.lg.jp/1002147/)の「室内の備え」では、その具体的な方法が詳しく挙げられています。これから新築を建てる方だけでなく、多くの方にとって参考になることが多いはずです。

本当に恐ろしいシロアリと腐朽を知ろう

木造住宅の最大の敵はシロアリ!?

耐震や制震の対策をしてあり、地盤も問題なし。これで万全かというとそうではありません。木造住宅では忘れてはいけない対策があります。それはシロアリです。日本全国どこにでも生息しているシロアリは、住まいにとって非常に厄介な存在。阪神淡路大震災や熊本地震で倒壊した家屋の多くにシロアリの被害があったという調査もあります。ここでは、シロアリ対策の重要性についてお話ししたいと思います。

シロアリは木の幹に含まれるセルロースを栄養とする昆虫で、家の柱や壁などが食べられて被害が大きくなると、家の「耐震性」にも影響を与えます。

せっかく丈夫な木で家を建てても、地盤が強くても、「木材そのもの」がシロアリ被害でスカスカになっていては、家の耐震性は脆弱になってしまいます。

実際、あるリフォーム業者の方の話によると、築20年以上の戸建て住宅の場合、約8割が浴室などに何らかのシロアリ被害が見つかる、ということでした。壁を剥がすと柱の根元が消失していた、ということも珍しくないそうです。

「住宅の寿命」はシロアリ対策によって大きく変わるといっても過言ではありません。建築基準法でも、シロアリの対策は義務となっています。もし、被害が大きくなるまで気づかないと、シロアリ駆除だけでは収まらず、構造部分までおよぶ大規模な修繕やリフォームが必要になるケースもあり、経済的な損失も大きくなります。

「シロアリ除去剤の効果は5年」は本当か

シロアリは、地中、基礎パッキン、配管などあらゆる場所を通じて、住居に進入してきます。そのため徹底的にシロアリの「外部からの侵入を防ぐ」ことが重要と私は考えていますので、七呂建設ではシロアリが嫌がる薬剤を分厚いシートに染み込ませたものを、基礎コンクリートと地面の間に施工しています。また、基礎コンクリート側面をのぼってくるシロアリに対し、「シロアリ返し」を施工しています。さらに外回りの壁の耐力面材には、防蟻《ぼうぎ》・防腐処理されたものを使用しています。

そして、家の内部と外部がつながる給水、給湯配管回りは、防蟻用発泡ウレタンフォームで徹底処理をしています。この対策によってシロアリ15年保証を実現しています。

一方、従来のシロアリ対策は、薬剤を散布して、シロアリが家の中に入ったとしても、木材を食べさせないという考え方になります。

シロアリ除去剤（ケミカル剤）は、ふつうは木材に散布して使いますが、揮発性があるため5年程度で効果が切れてしまいます。新築を建てて5年くらいしたら、シロアリ業者が散布をすすめに来たり、チラシを配ったりするのはそのためです。ケミカル剤は、建てる時は価格が安いのですが、再度散布する際は費用が高くなります。

ほかにも人体にほぼ無害で揮発しないホウ酸系の薬剤もあります。ホウ酸はゴキブリ駆除にも昔から使用されており、濃度によっては人間には無害です。

シロアリも腐朽菌も増やさない方法

また、床下に乾燥した空気を絶えず循環させることも重要です。

なぜ対策として「乾燥」が大事かというと、シロアリは乾燥に弱く、生きるためにつねに外部からの水分が必要だからです。シロアリの体の外側は薄い皮膚でしかないため、光や熱、そして乾燥に弱いのです。

乾燥させることでカビなどの腐朽菌《ふきゅう》も予防できます。第4章で詳しく解説しますが、湿度をコントロールすることは家の健康にも、住んでいる人の健康にもとても大切だと私は考えています。たとえば弊社では、家の外から取り込んだ空気をフィルターを通してきれいにして、熱交換換気を行って室内の温度に近くしてから床下に送り込むことでシロアリも腐朽菌も繁殖させないように努めています。

従来の考え方では、シロアリは木材の表面から内部に入るので、表面の対策として木材の表面全体に薬剤を吹き付ける「吹き付け処理」と、内部の対策としてドリルで木材に穴を開けて薬剤を注入する「穿孔《せんこう》処理」を行うのが一般的です。薬剤散布以外の駆除方法としては、「ベイト工法」があります。これはベイト剤という殺虫成分の入った毒餌を地中に埋める施工方法です。シロアリがベイト剤をエサと認識して食べたり、巣まで運び込んだりするため、巣にいるシロアリまでも一網打尽にすることができます。

薬剤散布は、即効性が高いのがメリット。ただし、使用する薬剤によっては人体への影響があることがデメリットです。ベイト工法は安全性が高く、巣ごと撃退できるのが大きなメリットな一方で即効性が低く、定期的なメンテナンスが必要な点がデメリットになります。

住宅金融支援機構のローンの決まりでは、木造住宅の場合はシロアリ剤散布が標準仕様なのですが、檜に関してはシロアリ剤散布が除外されています。檜は防腐と防蟻の面で強いといわれていて、シロアリの薬剤を散布しなくても、ある程度の防蟻性能はあると認められているということです。しかし、他の木よりは食べられにくいというだけで、檜であれば１００％安全というわけではありません。

第3章

「水害・台風に強い家」はこうつくる

大雨や洪水の対策

なぜ家が簡単に流されるのか

この章では、水害・台風に強い家づくりの特徴や対策などについて説明します。まずは、近年甚大な被害を及ぼすことが増えている水害から見ていきます。木造住宅は津波や堤防決壊など、水の量が多く流れの勢いが強い災害には特に注意が必要です。津波や洪水によって、大きな戸建て住宅がいともかんたんに流されていく映像をニュースで見た人も多いと思います。津波は地震によって、洪水は豪雨による川の氾濫などによって引き起こされるため、原因は異なりますが、水によって家が流され、倒壊するという点では同じです。

なぜ家がいとも簡単に流されてしまうのかというと、浮力が原因です。押し寄せてくる水の量が膨大で水位が高くなると、浮力が家の重量に勝ってしまいます。そうなると家は水に浮き、流されてしまうのです。流されずに耐えられる水位は家の大きさ、重量に加え、水の勢いによっても変わります。

基本的な対策としては、水に浮きにくく、流されにくくするため、家を重くすることです。鉄筋コンクリート造の家なら浮力と水流に耐えられる可能性が高まりますが、建築費用は大幅に上がります。

一般的な木造建築の重量は約50ｔです。仮に1階の床面積が50㎡（約15坪）の家の周りの水位が2ｍになると、100㎥の水をおしのけていることになるので、100ｔの浮力がかかります。そうなると家の重量よりも浮力が大きくなるので、家が浮き上がって流されてしまうのです。

一方、同じ大きさの鉄筋コンクリート造の家の重さは約230ｔです。水位が2ｍのときは浮力よりも家の重量が大きいので流されません。水位が倍の4ｍになってもまだ流されません。

ちなみに住宅よりも大きな鉄筋コンクリート造の建造物は、基礎杭で支持層まで打ち込んでいることが多く、建物の重量に加えて、杭でも洪水や津波などの水の勢いに耐えていると考えられます。

鉄筋コンクリート造だと水に流されないことを利用して、七呂建設では建物の外周部を鉄筋コンクリート造とし、内部を木造とした対水害住宅のモデルハウスを建てて、防災に興味がある方に見ていただいています。「外は鉄筋コンクリートの頑丈さ、中は木造の住み心地の良さ」を実現した家です。さらに鉄筋コンクリートは火災や台風にも強いので、災害対策にはうってつけです。

水害を防ぐ住宅の工夫

2020年7月には大雨によって熊本県の人吉盆地で球磨川が氾濫し、多くの家屋で、破壊、流出、浸水などの被害が出ました。こうした水害への対策としては、水深2～3mまで耐えられるよう、1階を鉄筋コンクリート造にして、2階を木造にするという工法もあります。

1階を鉄筋コンクリート造にするだけではなく、LDKや分電盤、エアコンの室外機も2階の高さに設置して、避難生活ができるようにしておくことが大切です。1階の窓に水対策グッズ（止水ドア、止水シャッター、止水板や止水シート）を使えば、かなりの水害に耐えることができるはずです。

津波や川の氾濫でも、ある程度までは鉄筋コンクリート造なら流されることはありません。東日本大震災でも鉄筋コンクリート造の家は流されずに、住人が屋上からヘリコプターで救助された場面をニュースで見た方もいらっしゃると思います。

ただし、流されてきた家や木などがぶつかって家が壊されたりすることは考えられますので、完全に安全というわけではありませんが、有効な方法だと思います。

知っておきたい水害ハザードマップの警戒レベル

その土地の水害の危険度を知るためには、国土交通省や市区町村が発表している「洪水（水害）ハザードマップ」で、確認する方法が一般的です。国土地理院の「ハザードマップポータルサイト（https://disaportal.gsi.go.jp/）」にある「わがまちハザードマップ」から、調べたい市区町村のハザードマップにアクセスすることができます。

水害が予測される場合は、以下のことを確認しておくとよいでしょう。

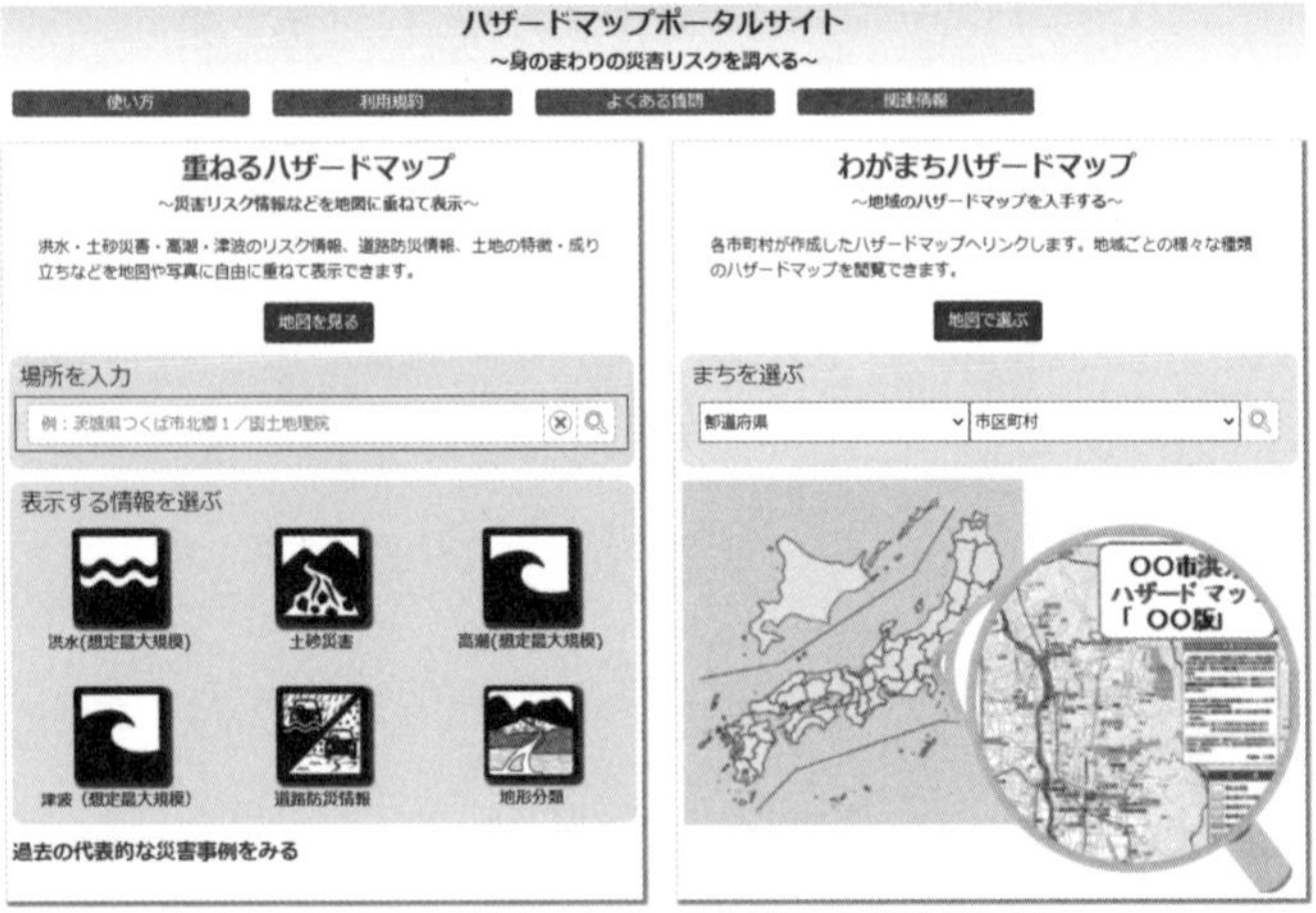

「ハザードマップポータルサイト」（国土地理院）
https://disaportal.gsi.go.jp/

・「避難場所」や「避難経路」
・浸水したときの備え（土のう、水のう、止水板など）
・防災グッズや非常用の持ち出し品の準備と、保管場所の確認

また、家の防災レベルを上げて対策していても、災害の大きさによっては早めに避難することは大切です。「避難勧告等に関するガイドライン」（内閣府（防災担当））が平成31年3月に改定され、そこには〝住民は「自らの命は自らが守る」意識を持ち、自らの判断で避難行動をとる〟という方針が示されています。

このガイドラインでは、「5段階の警戒レベル」と具体的な「4つの避難」が示されていて、いつ、どんな行動をとればいいのかがわかりやすく書かれています。次のページに、その「警戒レベル」と「4つの避難」を簡単な表にまとめてあります。

崖や山あいでも家は建てられるが…

2014年に広島県広島市で発生した土砂災害を覚えていらっしゃる方は多いのではないでしょうか。記録的な集中豪雨によって大規模な土石流が引き起こされ、建物の全壊174戸、半壊187戸という大きな被害をもたらしました。

被害のあった地域は、ニュース映像など報道でもわかる通り、山のすぐそばや山あいに家が建てられていました。2016年には鹿児島県でも土石流が発生していますし、土砂災害は決して珍しいものではありません。建築基準法の基準を満たせば、山であっても谷であっても家は建てられます。これから家を建てる場所や、現在住んでいる場所が危険な場所なのかどうかは、しっかりと調べておくことをおすすめします。

5段階の警戒レベル

警戒レベル

警戒レベル		
5	緊急安全確保（自治体）	何らかの災害が発生した、もしくは切迫していることが確認されています。この時点ですべての人の避難が完了していることが大前提となります。この時点ですでに安全な避難はできず、命の危険があります。

レベル4までに必ず避難！

警戒レベル		
4	避難指示（自治体）	災害の恐れが高いという状況で、ただちに避難が必要であると判断される段階です。自治体からは避難指示が発令されます。この段階ですべての人が必ず、安全な場所へ避難をしなければなりません。
3	高齢者等避難（自治体）	災害の恐れがあるという状況で、大雨・洪水警報が気象庁から発令されます。高波注意報も警報に近づきます。自治体が住人の避難準備や高齢者などの避難開始を知らせる目安となる段階です。健康な若者も自主避難を開始してもよいタイミングです。
2	大雨、洪水、高波注意報（気象庁）	災害につながる可能性がある注意報が出ており、避難行動についての事前確認を要する段階です。ハザードマップなどにより、災害が想定されている区域や避難先、避難経路を確認しておきましょう。
1	早期注意情報（気象庁）	今後の気象状況の悪化が予想されている状況です。目安として、翌日までの間で大雨に関する災害が予想されている段階を指します。水害が起こることを想定し、以降の気象情報などに注意し心構えをしておきます。

4つの避難

❶ 行政が指定した避難場所への立ち退き避難

小中学校、公民館など、定められている避難場所へ移動します。マスク、体温計、消毒液、スリッパなどを携行しましょう。

❷ 安全な親戚、知人宅への立ち退き避難

注意報や警報が出ていない安全な場所にある親戚や知人宅へ身を寄せます。普段から災害時の避難について相談し合っておくことが大切です。

❸ 安全なホテル・旅館への立ち退き避難

安全な立地にあるホテルや旅館に宿泊します。通常の宿泊料金が必要です。空室がなければ宿泊できませんので、予約・確認をしましょう。

❹ 屋内安全確保

ハザードマップで「3つの条件」を確認し、自宅にいても安全かどうかを確認します。3つの条件とは「家屋倒壊等氾濫想定区域に入っていない」「浸水深より居室が高い」「水が引くまで我慢でき、水・食料などの備えが十分」です。ただし土砂災害がある地域は避難が原則となります。ハザードマップに情報が載っていない場合、市町村に問い合わせてください。

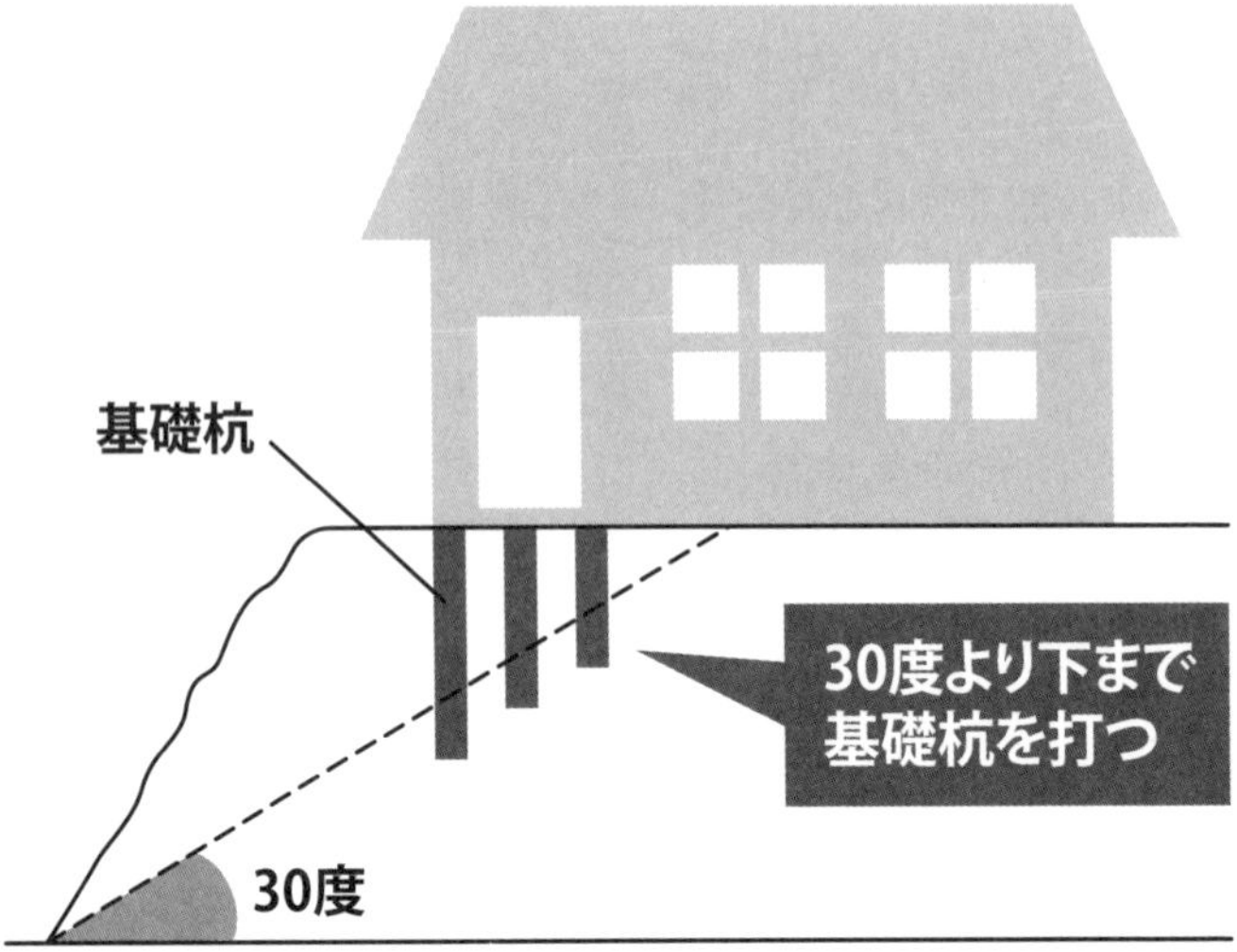

周囲に山や崖がないかを見て、建築士または土地家屋調査士に、その場所が問題ないか確認してください。プロに聞くことが大切です。

専門家ならば、万が一がけ崩れがあった場合に、家の土地まで土砂が流れてくるかを確認できますし、もし流れ込む可能性があれば、鉄筋コンクリートの擁壁または壁にすることで対策ができます。崩落や地滑りなど、土砂が流れ出ていく可能性があるのなら、杭工事をしておけば、最悪の事態でも家は杭の上に残って命は守れる可能性が上がります。

崖地の対策は、崖崩れのときに家が倒れないようにすることが最優先です。崖の上に家を建てるとき、崖の下から30度の角度で崖上に向かって延長線を引き、その線より下まで基礎杭を打ちこめば建てることができます（地方公共団体により、基準が異なる場合があります）。崖は35度前後までは崩れるけれど、それより緩やかなところは流れないで残るからです。もし崖崩れが起こっても、杭の上に建物が残る状態にするわけですね。北海道の胆振《いぶり》東部地震でも、液状化で造成したところが沈下しましたが、杭がしっかり打ってあった家は残っていたと記憶しています。

埋め立て地や盛り土には要注意！

気を付けるべきなのは崖や山だけではありません。「谷」を埋めた土地は気をつけたいところです。

山間部などに宅地を造成するとき、家や道をつくるには土地を平らにする必要があります。そのため山を削って、その土を谷に埋めます。この谷に埋めた土を「谷埋め盛り土」といいます。この盛り土の部分が、地震や大雨などで流れやすい軟弱地盤の可能性があります。こうした谷埋め盛り土は日本全国にたくさんあり、大きな地震や大雨などの後に、家が倒壊したり土

G-Space　日本全国の地質地盤情報データベース
https://www.gspace.jp/

石流が発生したりして、ニュースで報道されているのを目にする機会もよくあります。

盛り土の深さや工事の仕方によっても地盤の強度は変わるので、盛り土だからといって全てが悪いわけではないのですが、注意して気を配ったほうがいいでしょう。

日本は平らな土地が少なく、山間部が多い国です。それだけに、昔から山を崩し、谷や沼、海を埋め立てて土地をつくってきました。そういった土地は「液状化現象」に注意が必要です。埋立地は水分を含みやすく、台風などの豪雨の後に地震が発生すると土や砂と水が混ぜられ、土地が泥のように「液状化」してしまうのです。すると土地の強度はゼロになり、その上に建物

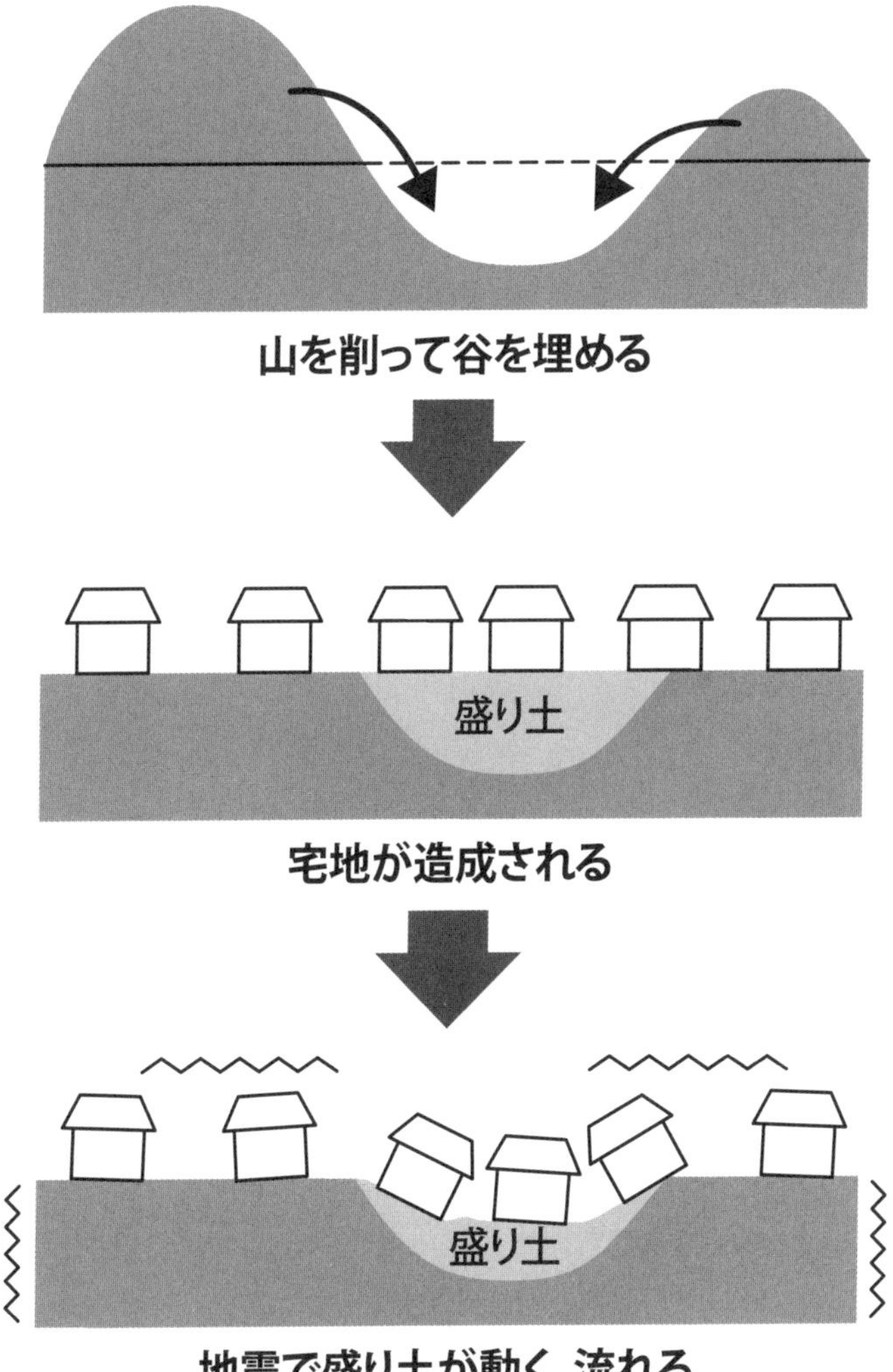
山を削って谷を埋める
盛り土
宅地が造成される
盛り土
地震で盛り土が動く、流れる

や道路があれば、沈下してしまいます。

インターネットでジースペース（https://www.gspace.jp/）という日本全国の地質地盤の情報データベースのサービスがあるので、そこをチェックできる建築会社を探してみて下さい。有料サービスですが、専門家向けの詳細なもので、住所から検索していけば50年前の地形を見ることができます。なお、大規模な盛り土造成地は、一部の地方公共団体（都道府県、市町村）が公表していますので、対象箇所の自治体へ問い合わせするのも一つの手です。また、前述した国土地理院の「ハザードマップポータルサイト」にある「重ねるハザードマップ」では、主要な都市の盛り土造成地を閲覧することができます。

家屋に大ダメージを与える床下浸水

大雨や洪水による被害で恐ろしいのが床下／床上浸水です。家が流されないまでも、カビなどの原因となり柱や床、壁などを腐朽させるかもしれません。流れ込むのは泥や砂利などが混じった汚れた水です。放っておくと感染症の原因になる可能性があるため、浸水した箇所を消毒する必要があります。

浸水対策としては、家の前の側溝や庭の水はけを良くし、水が押し寄せてきても床下に入らないように家の基礎部分を密閉して水を受け流せば、ある程度、防ぐことができます。

「大雨」程度で床下浸水する原因は、家の周りに標準的に設置されている「雨排水マス」の詰まりによるところが大きいとされています。雨排水マスとは、雨水を流す側溝にゴミが入り込まないように、ゴミや汚泥などを受けてためておくマスです。雨排水マスがゴミや泥で詰まっていると、雨水がたまって溢れて床下浸水の原因になります。定期的に掃除をしてください。

バルコニーには落ち葉や泥がたまって詰まりやすいので、定期的に掃除を心がけてください。ここが詰まっていると、雨水が排水されずにバルコニーがプールのようになって、家の中に逆流して雨漏りの原因になる恐れがあります。

台風・竜巻の対策

台風は強風被害の対策を

強風と大雨で大きな被害をもたらす台風に関しても対策を挙げます。
まずは強風対策ですが、地震と風は同じ水平力なので、基本的に地震の揺れに強くすることで、風にも強くなります。地震と異なる点として、物が飛ばされる、または飛んでくることがあります。

強風で飛ばされてきたものが窓ガラスに当たって割れる被害があります。昔からある雨戸は厚みがあり頑丈なので、ある程度は耐えられます。しかし薄いシャッターの場合、瓦など堅いものが飛んできてしまうと、突き破られたり凹んだりしてしまうことで、内側にある窓ガラスが割れることがあります。最近ではその対策として、風に強く、耐久性も高められた「耐風シヤッター」がYKKなどから発売されています。すでに建てられている家にも付けられますので、台風の多い地域の場合はおすすめです。

ガラスは飛来物で割れる危険性があるので、台風の対策には頑丈な「防犯合わせ複層ガラス」がおすすめです。防犯合わせ複層ガラスは2枚のガラスの間に破れないフィルムを貼って割れないようにしています。飛来物が当たって外側のガラスが割れても、頑丈で柔軟なフィルムがガラスに穴が開くのを防いでくれます。その名の通り、空き巣など侵入者対策にも効果的です。

また、強風で飛ばされるものといえば、瓦が思い浮かぶと思います。現在は風で飛ばされにくい防災瓦というものがありますので、家を建てるときにそうした瓦を選べば安心です。

竜巻には地下室が有効

もう一点、気を付けるべき災害として挙げておきたいのが、竜巻です。積乱雲から強い下降気流が発生する「ダウンバースト」や「ガストフロント」も大きな被害をもたらします。

あまりなじみのない災害かもしれませんが、気象庁によると、平均して年に25個程度の竜巻の発生が確認されているそうです。「一つの市町村でみれば90年に一度程度の極めて稀な現象ですが……」と気象庁の説明にも書いてある通り、決して頻繁に発生する災害ではありませんが、その被害は大きいものです。

竜巻は台風と違って発生してから長時間にわたって被害を与え続ける災害ではありませんが、一度発生すると短時間にもかかわらず甚大な被害を与えることがあります。屋根や車が吹き飛ばされたり、建物が倒壊したり、飛来物で窓ガラスが割れたり壁に穴が開いたり、怪我をしたり……。

たとえば2012年5月6日に北関東で発生した竜巻の主な被害ですが、茨城県つくば市や常総市、栃木県真岡市や益子町など広い範囲で、全半壊585棟を含む2400棟以上の住家被害が確認されています。木造住宅は基礎から横転したという記録が残っていますので、鉄筋コンクリート造など、よほど頑丈につくっている建物でなければひとたまりもありません。

そこで私が提案したい対策が、地下室です。家が吹き飛ばされるほどの強風のときに逃げ込むことができるので安心です。

七呂建設では、次の三つの地下室の実績があります。

❶地下核シェルターを設置する
❷簡易的な地下室（天井高1・4m以下）をつくる
❸天井までコンクリートの地下室をつくる

それぞれメリットもあればデメリットもあります。

❶地下核シェルターの現実は……

七呂建設では、アメリカから輸入した核シェルターを地下5m掘って埋めました。核シェルターなので頑丈で地震などでも安全です。しかもイスラエル製の放射能を除去できる機能がある空気清浄機がついていました。

私も実際にガレージの中に設置して使用したのですが、暴風などは防げるのですが、浸水は防げませんでした。大雨でガレージに浸水したときは、シェルターのフタなどから中に雨が入ってしまったんですね。入り口はシェルターの天井にありますので、水がたまってしまったら、排水するのも一苦労です。

放射能や汚れた空気は完全に防げるのに、水は防げないということを、施工して使用してみて気付きました。ですので、今は浸水対策も考慮に入れて設計しています。

シェルターとしては、2週間はこの中で生活できるようになっていて、ベッドが3台、簡易トイレ、食料品や水の貯蔵庫があります。

日常的には集中したいときの書斎、勉強部屋、瞑想部屋などとして活用できます。ただし、価格が三つの中では一番高額となります。

❷簡易地下室は安価

簡易地下室は安価で便利なので、弊社でも施工例が100件近くあります。高さ1・4m以下なら延床面積に含まれないし、基礎の一部を1m程度掘り込むだけなので価格はとても安く、

七呂建設で施工した地下核シェルター。 十分な広さと空気清浄機やゆったりした2段ベッド、簡易トイレを完備しており、 安全で快適な避難生活を送れる

物置きとしても使える地下室が建設可能です。ただし、地下室の天井は1階の床の裏側なので防災機能はあまりありません。

❸コンクリート地下室は頑丈

簡易地下室と違い、天井までコンクリートの地下室は火災にも強く、また竜巻は当然として、地震、台風などの対策にもなります。建物が倒壊しても地下の中にあるコンクリートで囲まれた空間は丈夫なので安心です。

また、普段使いとしては普通の倉庫はもちろん、夏は涼しく冬は暖かく温度と湿度が一定なので、ワインセラーや食料備蓄庫として利用可能です。

趣味などの部屋として使用するには、壁・天井・床を吸音材等で仕上げないといけないのでコストが上がってしまいます。でも、シェルターや倉庫のみの利用なら、壁と天井はコンクリートのまま、床にタイルを貼る程度で使用できます。実際に地下室を設置した方からはとても好評です。

ただし大雨や洪水などのときには地下室の入り口から水が入ってくるので、入り口をどのようにつくるかを考える必要があります。

アメリカ映画で見るような大型ハリケーンは日本では起きていませんが、気候変動や温暖化で今後は可能性があります。日本の竜巻被害の規模も大きく、先に挙げた２０１２年の竜巻ですが、つくば市、常総市の被害範囲は長さ約17㎞で幅が約５００ｍ、真岡市や益子町などの被害範囲は長さ約32㎞、幅約６５０ｍと、非常に広範囲です。

竜巻が発生するには環境や地形など、いくつかの条件がそろっている必要があり、宮崎県や高知県、名古屋圏、関東平野など、比較的起こりやすい地域はあります。そうはいっても北は北海道から南は沖縄まで、竜巻の発生は確認されていますので、日本中どこでも竜巻が発生する可能性はあるということです。

いざというときのために、新築する際はコンクリート地下室を選択肢に入れておけば、避難の際も自宅の地下なので安心だし、普段使いとしても重宝します。

火災も対策できる！

火事に強くなる省令準耐火構造とは？

鉄筋コンクリート造の建物で火災が発生した場合、温度が摂氏1000℃になっても建物自体は燃えませんが、木造建築は火事に弱いです。そこで知っておいてもらいたいのは、「省令準耐火」という構造です。省令準耐火構造とは、独立行政法人の住宅金融支援機構が定める基準に適合する耐火性能を有する建物をいいます。具体的には、以下の四つがポイントです。

- 外壁と軒裏が防火構造であること
- 屋根は不燃材料でつくる、もしくは葺《ふ》く。また準耐火構造であること
- 室内に面する天井や壁は通常の火災の加熱に15分以上耐える性能があること
- その他の部分が防火上支障のない構造であること

木造住宅において、2×4《ツーバイフォー》工法（枠組壁工法）、木造軸組工法、木質系プレハブ工法に適用されます。一般の木造住宅より耐火性能が高く、火災に対して安全性の高い住宅です。住宅金融支援機構が挙げている三つの特徴を紹介します。

❶外部からの延焼防止（隣家などから火をもらわない）

屋根や外壁、軒裏を防火性の高い構造とすることで、隣家からのもらい火による火災に備えています。市街地での火災を想定し、火の粉がふりかかっても火災を防止できるよう、屋根を不燃材料にすることとしています。また、外壁や軒裏は建築基準法の防火構造（例：外壁に防火サイディング壁を使用など）としています。

❷各室防火（火災発生時に一定時間、部屋に火を閉じ込める）

各室が区画される構造にすることで、万が一火災が発生したとき、火が他の部屋に燃え広がりにくくなっています。火災の被害を最小限に食い止めるための、「防火区画化」によって火元（火災発生源）とその他の部分を区切っているわけです。さらに1階の天井部分などに、火に強いせっこうボードを使用し、燃えにくくしています。火が柱などに燃え移るまでに時間がかかるので、火災初期段階での避難や消火活動がしやすくなっています。

❸他室への延焼防止（延焼を遅らせる）

住宅内で火災が起きると、壁の内側や天井裏を伝わって火は燃え広がっていきます。省令準耐火構造では、火の通り道となる壁の内側や天井内部の要所（天井や壁の内部の境界点）に、木材やせっこうボード、断熱材といった「ファイヤーストップ材」を設けることで、熱や空気の流れを遮断して、火が燃え広がるのを防止します。

省令準耐火構造なら保険料が安くなる

2010年に火災保険・地震保険構造等級（区分）が見直されました。戸建て住宅では、火災保険は「T構造」（耐火）と「H構造」（非耐火）に分けられました。また、地震保険では火災保険の区分に応じて、「イ構造」と「ロ構造」に整理されました。省令準耐火構造の建物は火災保険の「T構造」に該当するので、火災保険料が半分程度に軽減されます。地震保険では「イ構造」になり、通常の木造建築の「ロ構造」と比べて保険料が軽減されます。

建物の構造と保険の関係

火災保険

構造	建物	保険料
M構造	□主にコンクリート造マンション □コンクリート造建物 □コンクリートブロック建造物 □石造建物　など	安い
T構造	□主に一戸建て □コンクリート造戸建て □鉄骨造建物 □耐火・準耐火建築物 **省令準耐火建造物**	↕ 保険料
H構造	□非耐火構造 □上記区分以外の建造物 □土蔵建造物　など	高い

地震保険

構造	建物	保険料
イ構造	□主にコンクリート造マンション □コンクリート造戸建て □鉄骨戸建て □耐火建造部 **省令準耐火建造物**	安い ↕ 保険料
ロ構造	□主に木造建造物	高い

多くの保険会社は、火災保険料を3つの建物構造で区分しています。T構造の省令準耐火建造物はH構造の非耐火建物と比べて、保険料が半額になります。地震保険では省令準耐火建造物は、普通の木造建築よりも保険料が安くなります。※建物の所在地によっても保険料が異なります。

第4章

「病気とウイルス感染を防ぐ家」はこうつくる

断熱が人にも家にも大切な理由

住むだけで免疫力がアップする家

ここまでは自然災害についての対策を紹介してきましたが、この章では、家にとっても住む人にとっても大切な、「空気」の話をします。健康に過ごすには、まず、室内の温度が大切なのです。

家の気密性が高まると、空気の循環がなくなり、換気をしないと家の中の空気は淀んだままになります。そのため、建築基準法施行令第20条で24時間換気が義務付けられ、外気を取り込むようになりました。そうすると、常に外気が室内に取り込まれるので、冬は寒く、夏は暑くなります。

健康に過ごすには室内の温度と湿度が大切です。医学博士の石原結實先生や新潟大学名誉教授だった故・安保徹先生は、体を冷やさない、体温を下げないことが健康に大切だとお話しされています。安保先生は「体温が1℃下がると免疫力が12％下がる」と指摘しています。

戦後、日本人の体温は1℃近く下がったと言われ、最近は子どもから高齢者まで男女問わず低体温の方が増えたと言われています。この低体温化こそが、人間の健康にとってはよくないことだそうです。

たとえば低体温になると血管が収縮し、血液の流れが悪くなります。血液の中には免疫機能を持った白血球がありますが、免疫力が低下すれば、体内にある異物を素早く駆除できず、ウイルスや細菌に負けて風邪や感染症などにかかりやすくなってしまうということだそうです。

家の中で低体温化を予防するには、室内の温度を下げないこと、「頭寒足熱《ずかんそくねつ》」という言葉があるように、特に足元の温度を下げないことが大切です。つまり「断熱」が鍵を握っています。では家の断熱効果を高めるためにはどうすればいいのか？　弊社の事例を元に説明していきたいと思います。

「基礎断熱」が重要な理由

徒然草にも「家の作りやうは、夏をむねとすべし」とあるように、昔から日本の家屋は夏を基準につくっているので、床下に湿気がたまらないように、基礎の風通しが良くなるようにしてあります。

そのため、真冬になると冷たい空気が床下を通り抜けて床を冷やし、足元が冷えてしまうことが多いのです。その対策として床暖房を利用する方法がありますが、電気式にしても温水式にしても、ランニングコストがかかってしまいます。

そこで、床下の空気問題を改善するのが、寒冷地で採用されている「基礎断熱」という工法です。基礎に断熱材を設置して、床下の温度を安定させることができます。かつては湿気がたまってカビが発生しやすいなどの問題がありましたが、24時間の機械換気と組み合わせることで、床下に湿気がたまる問題を解決できます。具体的には、基礎内部に「24時間熱交換換気システム」を設置することで、床下の空気を室温に近い温度で維持しつつ、床下の湿度をコント

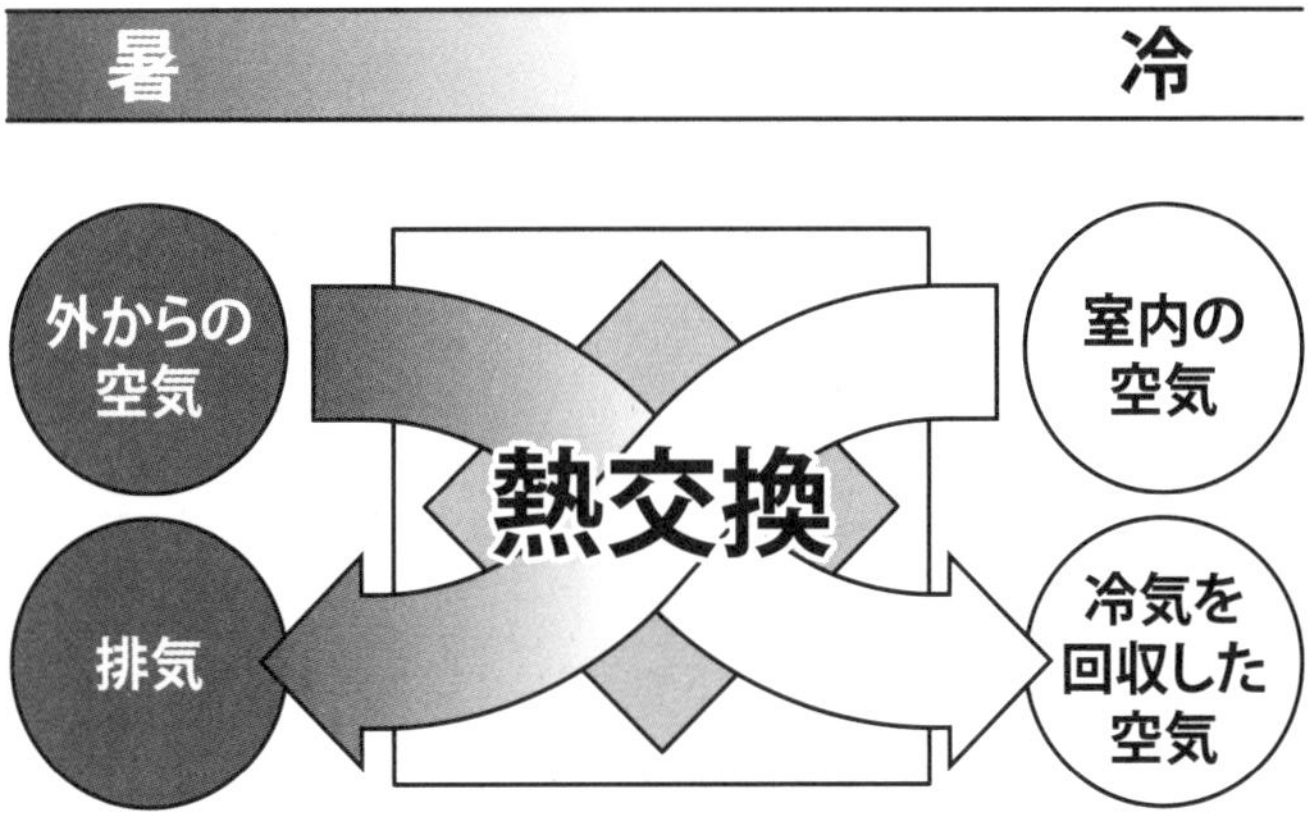

熱交換換気システムでは外と中の空気の温度を交換するので、取り込まれる空気は、冬は温められ、夏は冷やされる

ロールすることができます。

昔から日本の家屋では、空気の流れは「外↓基礎の中↓外」となっていますが、そこに熱交換換気システムを入れて、「外↓熱交換↓基礎の中↓外」または「外↓熱交換↓室内↓基礎の中↓外」とすると足元は室内と同じ温度となり、しかもランニングコストもほとんどかかりません。

熱交換換気システムでは、給気（入ってくる空気）と排気（出ていく空気）の温度を逆転することができるので、夏は涼しく、冬は暖かなうえ、快適な湿度を保つこともできます。基礎断熱と熱交換換気システムで床下環境が改善されれば、木材の腐朽を防止できる利点もあります。

また、話は変わりますが、住宅の気密性能の有無を測る一つの指標に、C値というものがあります。C値とは、「相当隙間面積」を指し、建物全体の隙間を合計して、その建物の床1㎡あたりに換算した数値のことです。C値の測定は、実際に建てられた建物内で専門の気密測定試験機を使って行います。

C値が小さいほど優れた気密性能を持っている建物と言えるため、建築会社の「現場の施工精度」を数字で見ることができると言っても過言ではありません。これから家を建てようとしている方で、建築会社を比較するときには「これまで建築した住宅の平均C値を教えてください」と質問してみるのも一つの手かもしれません。

「ヒートショック」は工夫で防げる

断熱性を高めるなどの家のつくり方の工夫で、住む人の健康や命を守ることにもつながります。たとえばヒートショックです。ヒートショックとは、家の中の急激な温度差により血圧が大きく変動することで、最悪の場合、心筋梗塞や脳卒中などを引き起こします。
冬場に暖かいリビングや部屋からお風呂場やトイレに行くと、寒くて思わず震えたり、床の冷たさに驚くようなことはないでしょうか。この気温差、温度差がヒートショックを引き起こす原因にもなります。恐ろしいことに、ヒートショックで亡くなる方は交通事故の死亡者数の約4倍とも言われています。

ヒートショックは高齢者だけではなく、中年でも起こりうる事故です。運よく命が助かっても、脳や心臓に重度の後遺症が残る人もいます。真冬は暖房をつけている部屋と、浴室やトイレとの温度差は、10℃を超えると言われています。部屋の温度差をなくすことで、ヒートショックはある程度防ぐことができるのですから、積極的に予防すべきだと私は考えています。

基礎断熱や熱交換換気システム以外にも、どんな断熱対策が有効なのか、説明します。

窓（サッシ）

冬に室内で暖めた空気が外に逃げてしまうことや、夏に暑い外気が室内に入ってくるのは、家のどの部分が原因だと思いますか？　実はどちらの比率も圧倒的に大きいのが「窓」です。つまり、窓の断熱性を高めることが重要です。そのためにおすすめなのが「樹脂サッシ」です。

窓枠を樹脂サッシにすることで断熱性は高くなり、結露を抑えてカビや腐食を防ぎます。窓枠が金属ですと外気の暑さや冷たさを伝えやすくなり、さらに冬に結露もしやすくなります。だからリフォームで「家が寒いので何とかしたい」という場合、いまある窓の部屋側に樹脂サッシの窓を付け加えるだけで、かなり寒くなくなります。

また、ガラスに「Ｌｏｗ‐Ｅ（ローイー）複層ガラス」を選べば、単板ガラスと比べて断熱性能を4倍以上に高めることができます。Ｌｏｗ‐ＥガラスはＬｏｗ‐Ｅ膜といわれる特殊な金属膜をコーティングした2枚のガラスでつくられ、ガラスとガラスの間にアルゴンガスの断熱層を挟む構造です。断熱効果が高く、結露対策にもなります。

Ｌｏｗ‐ＥとはLow Emissivityのことで低放射という意味です。一般的な1枚ガラスが放射率0・85程度なのに対して、これは放射率が0・1以下になります。放射率が低ければ低いほど、赤外線を反射させ熱を通しません。また、Ｌｏｗ‐Ｅガラスは紫外線反射効果も高いため、室内の家具の日焼け防止効果もあると言われています。

断熱材（気密性を高める工夫）

いくら優れた断熱材でも、隙間があればその効果は落ちてしまい、室内の温度は外気温に近くなります。その対策として、断熱材に気密性能の高いものを使用して、また外部と内部をつなぐ配管・配線の貫通部分の数を極力減らし、かつ貫通部分にできる隙間を減らして埋めることが大切です。

隙間をなくし、熱が屋内から外へ逃げるのを抑えることで、夏は室内を涼しく保ち、冬は暖かさをキープできます。

屋根

屋根は夏場の日射を遮るために必要です。たとえば鹿児島では、夏の屋根の表面温度は約80℃くらいになると言われています。その熱が家の中に入ってこないよう、しっかり遮熱することが大切です。

屋根の遮熱方法は、天井裏に断熱材を敷き詰める方法が一般的ですが、その方法では小屋裏（屋根と天井の間にできる空間）に熱がこもってしまいます。そうなると夜になっても熱がこもったままで、なかなか冷房が効かないということがあります。天井裏ではなく屋根の裏側に断熱を施すことによって、小屋裏を室内と同じような温度になるようにすれば、熱がこもらなくなります。さらに七呂建設では、屋根面に外反射断熱シートと通気層をつくることで、なるべく外の熱が家の内側に伝わらない工夫をしています。

このほかにも、家の外気と接するところで、断熱性と気密性を高める対策をとることで、住む人の快適さや健康を守ることができます。

家の空気が病気をつくる

24時間換気には熱交換がおすすめ

断熱と気密の項でも触れましたが、居住者の健康には室温が影響します。そして室温には「換気」も重要になってきます。２０００年4月に制定された「住宅の品質確保の促進等に関する法律」によって、人が居住している住宅には、「一定の換気量を確保するための24時間の機械換気」が定められています。

ただ、一般的な換気システムは、単純に空気を入れ替えるものであることが多いのです。つまり、家の中の空気をそのまま外に排出し、外気をそのまま取り込んでしまうのです。そのため、冬は寒く、夏は暑くなってしまいます。

そういった熱損失を防ぐために、「熱交換式」の24時間換気システムを導入することをおすすめします。空気を入れ替えながら、熱は逃がさないため、温度と湿度が変わらず快適に過ごせます。

家の空気が病気の原因に

国によって家の24時間換気が義務付けられたのは、もともとは「シックハウス症候群」対策のためです。近年の住宅は建築材料の質の向上や建て方によって、昔の住宅に比べて気密性と断熱性が高くなっています。気密性が高くなると空気の循環が悪くなり、シックハウス症候群が引き起こされると言われています。シックハウス症候群とは、建築材から発生した有害物質やダニの死骸やフン、結露によって発生したカビや細菌などによって、頭痛、めまい、咳や喉の痛み、皮膚の刺激や湿疹などの症状が出ることです。

ホルムアルデヒドという化学物質は毒性が強く、シックハウス症候群を引き起こす代表的な存在です。ホルムアルデヒドなどの化学物質は建材や家具の接着剤などに含まれていて、揮発するため空気中に混じってしまいます。

そこで、建築基準法の規定が改正され、２００３年7月以降に着工する建物にはシックハウス対策が義務付けられましたが、そのうちの一つが24時間換気設備なのです。

つまり家の中の空気を外の空気と入れ替える「換気」は、健康のためにとても大切なのです。

これからの家づくりはウイルス対策が鍵を握る

最近の家には、アレルギー対策はもちろん、インフルエンザなどウイルス対策も施されているものも珍しくなくなりました。当社の家では、外気の取り込み口に特殊なフィルターを取り付けることで新鮮な空気を屋内に取り込み、さらに室内への給気口でもウイルスや菌の活動を抑制する機能を搭載しています。

Ｐ86で紹介した熱交換換気システムにもこの機能が搭載されていています。

外気の取り込み口の特殊なフィルターは、発がん性が心配される大気汚染物質ＰＭ２・５を98％除去（花粉も99・８％除去）して、新鮮な空気を屋内に取り込みます。室内への給気口には、アレルゲンを分解するイオン発生装置を搭載しています。それにより、強い殺菌・ウイルスの不活性化作用を持ったＯＨラジカルを発生させます。室内に放出されたイオンはウイルス表面のタンパク質に吸着し、ＯＨラジカルはウイルスから水素を抜き取ってタンパク質を分解し、水素を失ったウイルスは不活性化されます。そして、その室内の空気は排気口を通って再度、熱交換換気システムに戻ります。熱交換素子により熱や湿度は一定に保たれ、汚れた空気のみを外部に排気させる仕組みです。

そのシステムによって、心地よいきれいな空気が室内全体に流れるわけです。

私の家族も喘息もちなのですが、七呂建設で建てた家に引っ越してからは、喘息の症状が出なくなったし、風邪をひきにくくなったと喜んでいます。

住みはじめてからのメンテナンスで大切なこととしては、フィルターを定期的に交換、または掃除する必要があります。掃除がしやすいことに加えて、交換するフィルターの価格がいくらなのかも考えておく必要があります。交換に数万円かかるものもあるからです。

七呂建設のフィルターは外気の取り込み口のフィルターが4000円程度、室内の排気口のフィルターが家全体分で2000円程度です。どちらも洗うことができますので、汚れが気になったり、破れたら買い換えていただいています。だいたい2〜3年に1回の頻度で交換になります。

家の中の空気をきれいに保つ上で必要になることですので、フィルターの掃除や交換のしや

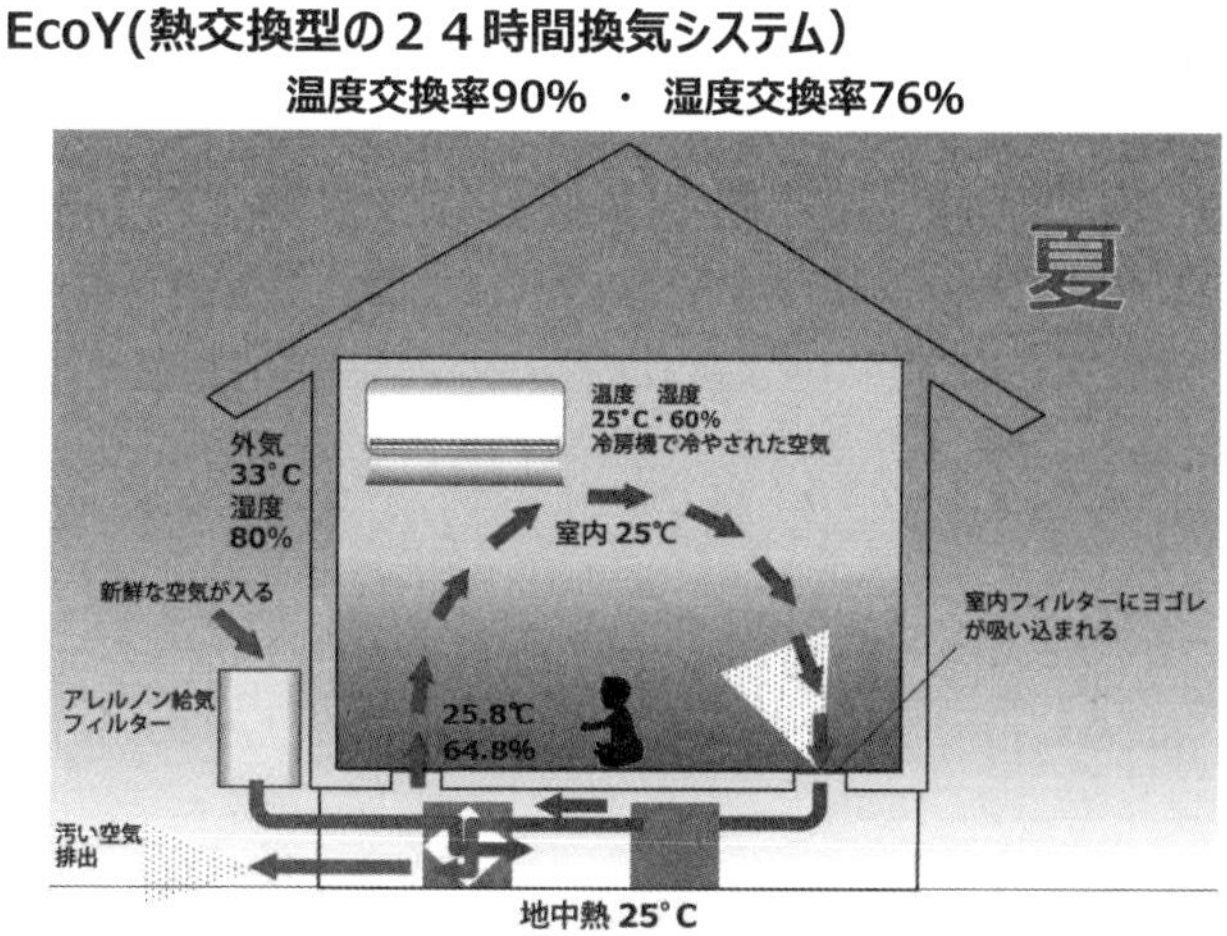

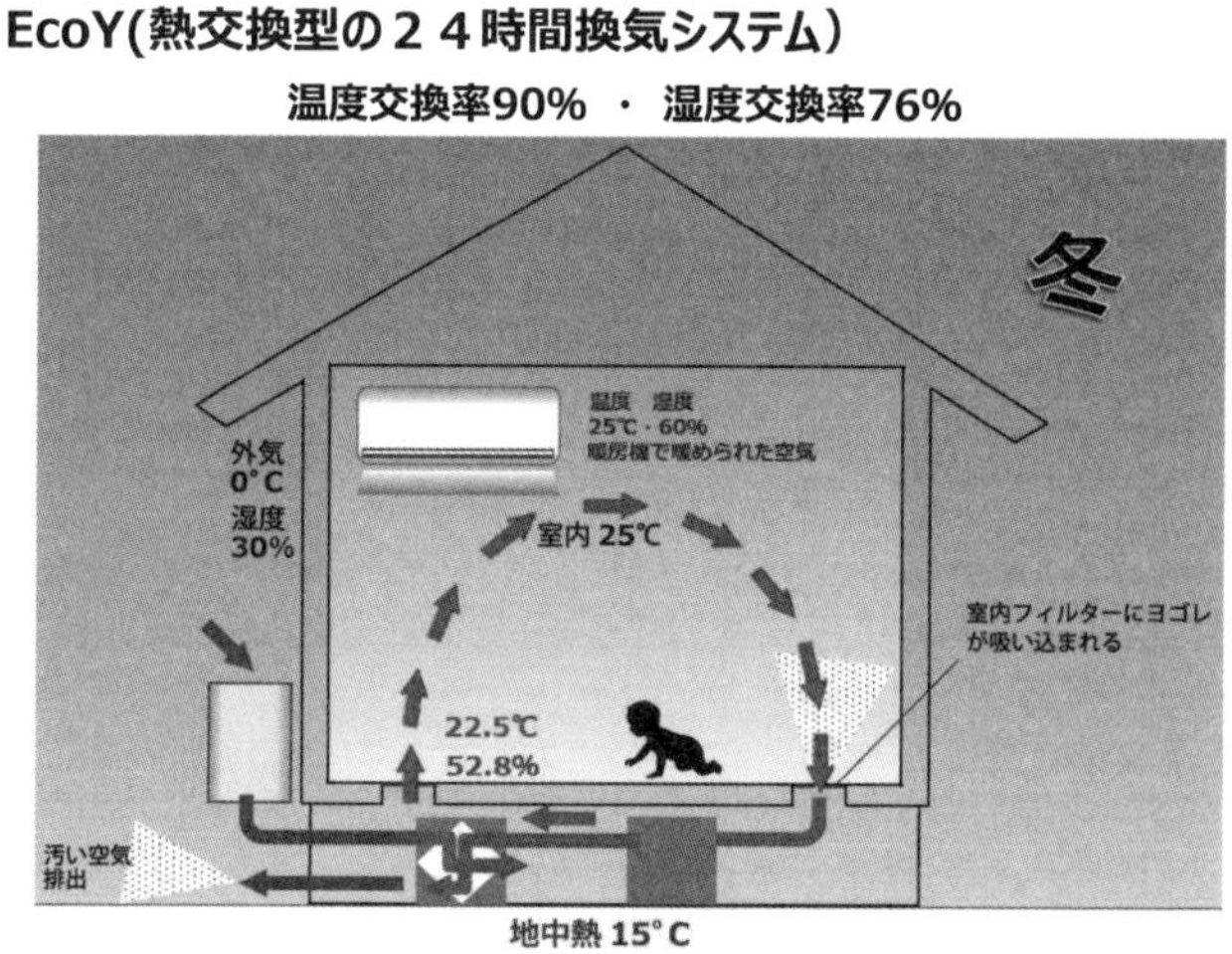

熱交換換気システム「EcoY」による換気の仕組み（七呂建設パンフレットより）

すさはとても重要になります。

新型コロナウイルス対策でも「換気」がさかんに言われたように、ウイルス感染症対策でも、換気は有効な手段なのです。家族の間で感染してしまうと、看病する人、家事をする人がいなくなってしまいます。病気が発症していれば、相手に感染させないよう、周りの人は自分が感染しないように気を付けますが、何の症状もなければ普段通り接するでしょう。団らんの場が感染拡大の原因になる可能性があるのです。

そこで、密になりがちなリビングを外の環境に近付けるという方法があります。たとえば、テーブルやソファを開け放たれた窓の側に置いたり、マンションならベランダに椅子や小さなテーブルを出してくつろげば、家族間感染の防止になるのではないでしょうか。

そうした点をふまえて、七呂建設では、アフターコロナ、ウィズコロナの「新しい生活様式」に合った、画期的な家、「アル・フレスコ住宅」を提案しています。リビングの一部を太陽と風を感じられる「アウトドア・リビング」にしたもので、屋根はありますが壁がないので、空気は外気そのもので、「3密」とは無縁です。画期的で新しい家の在り方だと思います。アル・

フレスコについてはP168で詳しく解説したいと思います。

甘く見ると危険！「結露」が家にもたらす被害

寒い冬の窓でよく見られる結露。これは、家の中の暖かい空気に気体として含まれていた水分が、冷たくなった窓によって冷やされて水滴になった現象です。特に冬に結露が目立ちますが、暖かく水分を多く含んだ室内の空気が、窓などによって冷やされるためです。

そして、この「結露」は非常に恐ろしいもので、カビや雑菌の温床となることで、居住者のアレルギーなどの健康被害の原因となり、家の柱や壁を腐朽させて、耐震強度や断熱性を保てなくさせる可能性があります。その結果として、家の寿命を縮めることとなってしまうのです。

実は、昔の家はあまり結露しなかったと言われています。建物にある隙間により、湿った空気が自然に抜けて、室内外で空気の温度や湿度の差も少ないため結露が生じにくかったのです。

現在は、住宅建築の技術の進化や素材の変化で、家の気密性が高まりました。隙間がない分、湿気が外に逃げず室内にこもり、部屋が暖かいことで、空気がたくさんの水分を含むようになり、外気で冷たくなった壁などに付着し、結露が発生しやすくなりました。そういったわけで、現代の家づくりにおいて、結露対策はとても大切なのです。

壁の内側の断熱性能が低いと、冬の室内の壁の表面に結露が発生しますが、断熱性能が高いと、壁の内側で結露が発生してしまいます。ですから、断熱性能を高めることと合わせて、水蒸気を壁の内側に入れないようにするか、もしくは壁の内側に入ってしまった湿気が排出されるようにすることが必要になります。

壁の中の結露が家と人間にダメージを与える

窓の結露は日に見える分、対策をとりやすいのですが、厄介なのは壁の中で発生する「壁内結露」です。壁の中とは外壁と室内側の壁の間のことで、ここでも結露ができてしまうのです。壁内結露を甘く見て放置するのはおすすめできません。住宅の寿命を縮めてしまったり、カビによる健康被害の原因になったりすることもあるからです。

なぜ壁の中で結露が起こるのでしょうか。壁内結露は、壁内に水蒸気を含んだ空気が浸入し、冷やされることにより発生します。水蒸気を含んだ空気は、ものすごく小さいので、壁内に自由に入り込むことができます。

また、断熱材は熱を通しにくいので、外壁側と室内側で温度が違います。水蒸気を含んだ空気が温度差の大きい断熱材の中に浸入すると急激に冷やされ、結露が発生するのです。

では壁内結露を放っておくと、建物にどのような悪影響が出てしまうのでしょうか。主なものを二つ挙げます。

❶柱や梁が腐ってしまう

断熱材は柱や梁の間に施工されるのが一般的です。断熱材が長時間結露したままになると、周囲の柱や梁も腐ってしまう可能性があります。そうすると建物の強度が落ちてしまい、耐震性能が発揮できなくなる場合もあります。地震のときに柱や梁が腐っていると、大きな力を受け止められず倒壊してしまう可能性があります。

❷断熱性能がダウンしてしまう

たとえば断熱材がグラスウールの場合ですが、グラスウールの繊維の中にある空気層は動かないので、断熱効果があります。しかし、壁内結露が起こると断熱材が水に濡れてしまいます。そうすると繊維の中にある空気層に水分が入ってしまい、断熱性能が低下してしまいます。

このように、壁内結露は建物の寿命を縮めたり、地震が起きたときに被害を大きくしてしまったりする恐ろしいものです。さらに、住む人の健康にも悪影響を及ぼします。結露による湿気は、カビなどの原因になるからです。壁内結露によって繁殖するカビは、次のような疾患の原因となります。

クロカビ：様々なアレルギー疾患
アオカビ：真菌アレルギー疾患
コウジカビ：喘息《ぜんそく》や肺アスペルギルス症

壁内結露を防ぐ方法として、湿気を含みにくい断熱材を使うことも手です。ウレタン系の断熱材は湿気を含みにくいので壁内結露対策として有効です。弊社の対策はこれに当たります。

湿気をシャットアウトするベーパーバリア

通常、住宅の壁の内側に断熱材を敷き詰めることは常識になっていますが、さらにその上の室内側に、薄いフィルム状になったシートをかぶせて湿気を遮断させるのが、ベーパーバリア法です。室内の水蒸気を含んだ空気を壁内に入れないようにする、まさにバリアを張る役目があります。このベーパーバリアによって、壁内結露を防ぎ、カビやダニなどが原因のアレルギーによる健康被害からも、住んでいる人は守られるというわけです。

ちなみになぜ結露が発生するのかというと、室内の水蒸気を含んだ空気が外壁面などで冷やされて、「露点温度」といわれる結露が起こる温度以下になるためです。

■住むと健康になる家の工夫

快適に眠れる部屋のつくり方

この章の最後では元気になるための家づくりについても触れていきたいと思います。一番重要なのは「睡眠環境」です。1日の疲れを癒し、明日への活力を生むためにはしっかりと睡眠をとることが大切です。日本人の不眠は深刻です。

厚生労働省・平成30年（2018）「国民健康・栄養調査」結果の概要の「睡眠の状況」によると、睡眠で休養が十分にとれていない人の割合は21・7％で、平成21年度からの推移でも増加しています。1日の平均睡眠時間は6時間以上7時間未満の割合が、男性34・5％、女性34・7％で、6時間未満の割合は、男性36・1％、女性39・6％に達しています。性・年齢階級別にみると、男性の30～50歳代、女性の40～60歳代では4割を超えているそうです。よい睡眠をとるためには「湿度」が一番の条件のようで、それに「明るさ」「音」を加えた3条件が重要と言われています。ではどうすれば快適な睡眠がとれるのか、家づくりの面から考えていきたいと思います。

湿度

快適な湿度は「55％」をキープすることだと言われています。高湿ですと、ジメジメして寝苦しくなり、低湿では空気が乾燥してのどや鼻などを痛めますし、インフルエンザなどのウイルスが体内に入りやすくなるからです。弊社では「調湿作用」がある炭の塗料を取り入れ、壁と天井に塗っている寝室を「極上の寝室」として商品化しています。調湿作用があると、湿気が高いときは吸い取ってくれて、乾燥しているときは湿気を出してくれます。炭の上には、調湿作用をさまたげない、100％自然素材の塗料を塗って仕上げます。

炭の効果として、マイナスイオンを出すことも挙げられます。家づくりの話からはそれてしまいますが、たとえば畑などの土壌に炭を埋めることによって、電磁場を高める（マイナスイオンの供給を高める）効果があるそうです。さらに有用微生物を増やし、土の中の水と空気の通りが良くなって、作物の育ちやすい良質な土壌になると言われています。

ある熊本の農業博士から聞いたのですが、「気枯れ地（ケガレチ）」では何を植えても育たないそうですが、そこに炭を埋めると、「イヤシロチ」といって何でも育つ土地に変わるというのです。実際、日の丸カーボテクノ社の方が科学的に調査したら、炭がプラスイオン（酸化）を吸い取って、マイナスイオンを出してくれるということがわかったそうです。

そこで寝室が炭で囲まれた状態にして、部屋全体がマイナスイオンを多く取り入れるようにしました。体内のイオンバランスを正常に戻して、アンチエイジング効果も期待できるという話も聞いたからです。

明るさ

快適な睡眠のためには、できる限り寝室を暗くして、閉じた眼のまわりに、光が射し込まないことが重要です。

照明は、睡眠中は全て消すか、足元灯のみとして、窓のカーテンには陽の光以外にも外灯や車のライトなど光が室内に入らないようにするため遮光カーテンをおすすめします。

就寝前には副交感神経を優位にさせたほうが良いので、家の照明は蛍光灯っぽくない「暖色」

を基本とします。ただし勉強したり、本を読んだり、作業をする場所は、照度が低くならないように昼光色としたほうが視力が落ちにくくなります。

最近の照明器具には昼光色と電球色の間の温白色という色があったり、照明器具の中には調光だけでなく、調色できるものも発売されています。また、目覚し機能付きで、セットした時間になったら、まるで朝日と同じように照明の光がだんだんと明るくなるので、自然に起きられるような仕組みのものもあります。

音

睡眠中は当然ながら静かなほうが良く眠れて、周りの音が聞こえないほうが良いです。そのためには、寝室内に騒音が入ってこないほうが良いのですが、騒音には「家の外からの音」と「家の中の別の部屋からの音」があります。

ちなみに、以前、外の音や室内の音を測定して「騒音を抑えられるか」という実験をしたことがあります。一般的な木造住宅の場合は、「家の中の音」はあまり防げませんが、「家の外の音」はかなり防げました。ただし、防音室を作るための遮音材や吸音材など、特別な素材を使用すれば「家の中の音」であっても防ぐことは可能です。

一般的な木造住宅の場合、前述した断熱性能と気密性能を向上させることが「家の外の音」を防ぐことにも通じることが分かりました。

実験の結果、外の音が52％減少して室内に伝わってきました。これは弊社の標準仕様「吹付け硬質ウレタンフォーム」の気密性が高いことが理由の一点目で、二点目は窓の遮音性が高いことです。

特別なケースとして、立地の問題や2世帯住宅、賃貸併用住宅、楽器の演奏など、音に対して何かしら対策をしないといけない場合どうしたら良いかというと、音は振動で伝わってきますので、空気の振動と軀体の振動を他の部屋や上下階などに伝えないことが大切です。

そのための振動を抑える素材や音をシャットアウトする遮音材、発生している音を吸収する吸音材などの組合せで対応可能です。価格次第で、防音性能のランクを上げることができます。

キッチンとシンクの高さが腰痛の原因に

デスクワークや家事などで、前かがみになることが多いと腰痛の原因になります。じつはキッチンの高さは一般的に85㎝が多いのですが、洗い物のときはシンクが下がる分、前にかがむ必要があって腰を痛める原因になっています。ちょうどいい高さは身長に応じて違うのに、標準化されているのです。

以前、私が失敗した例ですが、祖母の家が経年劣化で床がへこんで、フワフワしてきたため「リフォームしよう」となりました。床を下げるのは大変なことなので、元の床の上に重ねて新しい床板を貼りました。ただ、その分キッチンが下がることになって、祖母が腰を痛めたということがありました。床を上げた分、キッチンも合わせて上げないといけなかったのです。この反省から、作業台やシンクの中の高さまで考えてつくろう、という発想になりました。だから弊社ではキッチンなどの高さを、５㎝ごとに調節できるようにしてあります。

笑いを健康に変える家づくり

前述した安保先生はご著書の中で、ガンになる最大の要因はストレスであると述べています。「働きすぎ」「悩みすぎ」「薬の飲みすぎ」は現代人なら、誰でもどれか一つは当てはまるでしょう。大人も子どもも、職場や学校で強いストレスを感じる時代です。

ストレスを解消する一番の薬は、なんといっても家族の愛情。温かい家庭です。本来は家がストレスを癒す場所なはずですが、旅行や外出などで遊ぶこともままならないコロナ禍の最中は、普段なら見過ごしていたことが気になったり、家族と顔を付き合わせることが多くなったことで、家にいることがストレスの原因にもなってしまいます。

では、どうすれば、家が癒しの場になるのでしょうか。昇《のぼり》幹夫さんという医師がいらっしゃいます。その方が『笑って長生き』（大月書店）、『笑顔がクスリ～笑いが心と体を強くする～』（保健同人社）や『最新版　笑いは心と脳の処方せん』（二見レインボー文庫）といった著書を出しています。笑うことが健康にはすごく大事だと説いているのです。

ちなみに、昇さんは「日本笑い学会」の副会長として、笑いの医学的な効用を研究もされています。それだったら、家の中でなるべく笑いを取り入れるにはどうしたらいいか、という話になり、家族団欒で過ごしやすいスペースを家づくりに反映させました。

イシンホームの石原宏明社長とも話したのですが、「なるべく怒らなくていいように工夫する」ことも家づくりに取り入れました。たとえば、子どもがおもちゃを散らかしたり落書きしたりすると、どうしても親は怒りっぱなしになりますよね？　だから、たとえば「中2階」や「蔵」の場所に、子どもが遊んで散らかしてもいいスペースをつくってみるという試みを行いました。そうすれば、毎回、親が「片付けなさい！」と言わなくていい。子どもが好き勝手できる場所があれば、大人も子どももイライラしなくてすむという発想です。

あとは些細なことですが、玄関に鏡を置いて、その周りに家族の笑顔の写真を貼っておき、それを見ながら鏡を見て笑顔になるとか。ちょっとしたことで、家族が笑顔になればと思っています。

住む人にも環境にもいい家

国はエネルギー基本計画と地球温暖化対策計画において、「2030年までに新築住宅の平均でZEH（ネット・ゼロ・エネルギー・ハウス）の実現を目指す」としています。

ZEHとは、快適な室内環境を保ちながら、住宅の高断熱化と高効率設備により、できる限りの省エネルギーに努め、エアコンや照明などのエネルギー消費を抑える。そして、太陽光発電などによりエネルギーを創出し、消費する住宅のエネルギー量が正味（ネット）でゼロ以下となる住宅のことです。

「ZEH」の住宅にすると、自宅で生活に使うエネルギーは全て自家発電でまかなえます。発電は主に太陽光で行われますので、自然エネルギーによって家庭で使用するエネルギーがまかなえる、環境にいい家になります。

また、一般的には生活すると光熱費として電気代、ガス代を支払う必要がありますが、ZEHの家ではほとんど払う必要がなくなります。お金の動きとしては、一度は支払う形になりますが、昼間の余っている電気を売ることで収入が発生しますので、差し引きすると0円ぐらいになります（ただし、お住まいの地域の電力会社の電気の価格や太陽光の電気の買い取り価格などで変動があります）。

七呂建設の家は「ZEH標準仕様」となっています。太陽光発電の搭載容量は約4kw以上で「ZEH」になります。「ZEH」にすることで「環境と家計と人にやさしい家」を実現できます。私たちもこうした取り組みを続けていきながら、家に住む人、家そのもの、そして地球環境に貢献できればと考えています。

第5章

プロが教える！
営業マンとの交渉術

家を建てる前に準備すること

家を建てようと考えたとき、まず何をすればいいのか？

いざ「注文住宅で自分の家を建てよう」と思って、モデルハウスが立ち並ぶ住宅展示場やハウスメーカーの店舗に相談に行く際、お客様は、どんなことに気を付ければいいのでしょうか。

建設会社の立場から、建てたい家に関して「こんなことを話してくれると、お客様の理想や夢の実現に協力しやすくなる」と思うことが、いくつかあります。

この章では、ハウスメーカーや工務店の営業マンと相談する際、具体的にどういう内容の話をしていけばスムーズにいくかをお伝えしていきます。

まず、注文住宅を考えているお客様に知っていただきたいことが三つあります。最初は**「予算」**、次に**「建てたい家のイメージ」**についてです。これは工務店やハウスメーカーに相談する前に決めておくべきことです。三つ目は**「施主のことを真剣に考えている会社、営業マンかどうか見抜く」**です。

最初に考えておきたい「予算」について説明します。概算でも良いので、「総額いくら」までの家にするのかをしっかり決めておくことが重要です。予算といっても、不動産の知識はないし、何を目安にすればいいのか見当もつかないと思う方もいるでしょう。どんなエリアがどのくらいの相場なのかや、どんな設備や建材だといくらかかるか、などを調べておくことは必要ありません。現実的に、いくらまでなら〝支払いが可能か〟を、事前に把握して家族と共有しておく程度で十分です。

具体的な予算感をつかむ方法としては、多くの金融機関のホームページ上でできる、借入金額のシミュレーションがあります。金利や返済期間やボーナス払い、年収額と借入希望期間などを入力するだけで、借入金額の目安が出てきます（あくまでも目安ですので、実際の借り入れ金額、返済スケジュールなどは金融機関で相談する必要があります）。

そうやって、総額でも月々の支払い額でも、先に自分たちが支払える予算を割り出しておいてください。営業マンに具体的な予算感を伝えることができれば、彼らもその限度を意識しながら、話を進めていくことができるからです。

予算を考える際は、現状の収入だけで考えず、「子どもが生まれたら生活費がどう変化するか」、「子どもが大きくなったら教育費にどの程度かけるか」なども、アバウトでいいので数字を出して、余裕を持った計画にすることを念頭におけば、無理のない予算を算出できます。ともかく、工務店やハウスメーカー側と円滑に話を進めるうえで、予算や借入金額をきちんと数字にしておくことが肝心です。

ハウスメーカーや工務店側はご予算の中で、最大限ご要望にお応えしようとプランを考えます。だからこそ正直に、無理のない予算を伝えてください。

「坪単価」を考えてもムダな理由

お客様の中には、「坪単価いくらですか」と聞いてくる方が多いのですが、これはあまり意味がないことだと思っています。なぜかというと、たとえばまったく同じ間取り、形状、仕様、価格でもA社では坪単価が50万円、B社では40万円と、単価に差が出てくるケースがあるからです。

どういうことかというと、「延べ床面積」で坪単価を算出するのならばルールが決まっていてどこでも同一になるのですが、会社によっては「施工面積（工事する面積）」で坪単価を算出する場合があるからです。この場合はルールが同一ではないので、メーカーによって単価に差が出てくることがあるんですね。

たとえば、坪単価30万円といっても、「ウッドデッキ」や「ひさしの出っ張り」や「玄関ポーチ」まで全部含めて計算する会社では、延べ床面積は30坪なのに、「40坪」と説明します。その40坪の数字を元に計算すれば、面積を増やした分、坪単価の金額が安くなってしまうのです。つまり会社によって基準が違うため、「坪単価」はあまりあてにはならないのです。

いわゆる「坪単価いくら」は商業地の公表などのニュースで目にする機会が多いゆえ、「住宅の価値の物差し」と思われるかもしれませんが、戸建ての実態として考える上では、あまり考える必要がないのです。

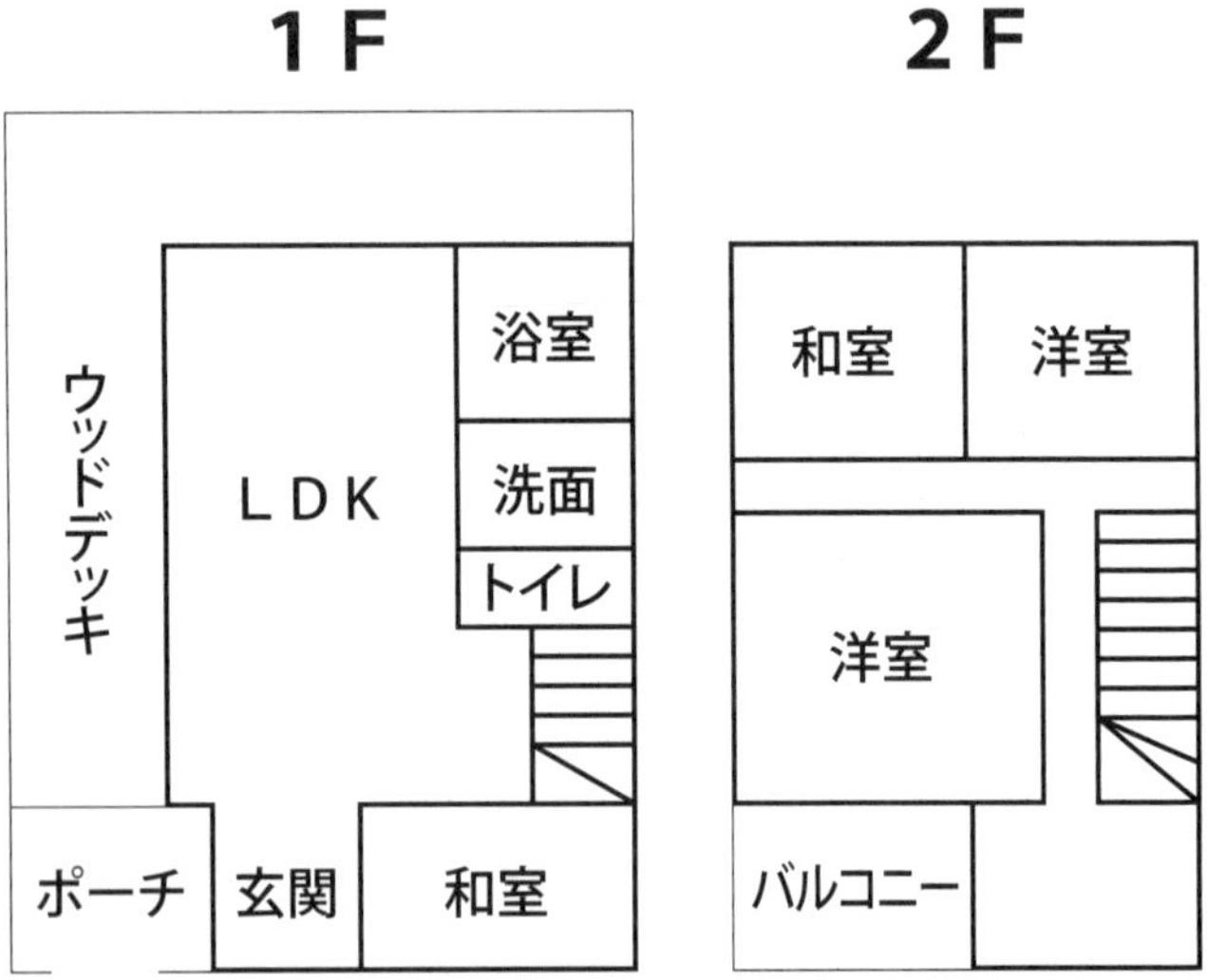

延べ床面積なら
（太枠部分のみ）

1200万円÷30坪＝ 坪単価 40万円

施工面積なら
（ウッドデッキ、ポーチ、バルコニーを含む）

1200万円÷40坪＝ 坪単価 30万円

※わかりやすくするため、図と金額を簡略化しています

また、建物に含んでいる建築費の値段で、最初は安く言うために、「カーテンや照明は含んでいません」「制振装置や耐震は別です」というケースも多く見受けられます。そうなると一見、価格が安く見えますが、実際は別途料金が後からかかるので割高になります。

建てたい家の理想をどんどん伝えよう

次に考えたいのは、「建てたい家のイメージ」です。ハウスメーカーや工務店の立場からしたら、お客様には希望を正直に全部言って欲しいと思っています。話してくれたからといって、全てを叶えられるわけではありませんが、実際に建築にかかる費用と予算とを突き合わせて、お客様の理想の家づくりに近づけるよう努力ができます。

正直に理想のイメージを話していただければ、「これはできる」「これはできない」「こういう方法なら近づけられる」「他にこういう方法もある」といった具体的なご提案ができますので、オープンマインドが必要だと強く思っています。

たとえば、次のようなことを話してくれると、ハウスメーカー側もイメージが湧いたり、逆に質問をしたりして、建てたい家のイメージを共有しやすくなります。
ノートに書き出して整理しておくと、打ち合わせのときにも便利です。

- 家族構成（将来も含めて）
- 理想の休日
- 理想の生活スタイル
- 今の住まいに対する不満
- 今の住まいで改善したいこと
- 庭の有無や広さ
- 車の台数
- 服の量（クローゼットの検討に活かせる）
- 趣味（休日に家で何をしているかなどによって家のつくりを考えられる）
- ペットの有無（将来も含めて）
- 親との関係（将来的に同居を希望するのかなど。その場合は和室を1階にもってきて押し入れをつくるなどで対応する）

また、子ども部屋に関しては様々なことが考えられます。

- **子どもの年齢や構成（1部屋でまとめるのか、最初から分けてつくるのか）**
- **子ども部屋の間取り（均等にするか、違いがあっていいかなど）**

注文戸建て住宅は、ほとんどの方にとって、一生に一度の最大の買い物です。建てる側としても、お客様が「ああしておけばよかった」と後悔せず、満足して末永く暮らしていける家を建てたいと考えています。できるだけ具体的に、わからないことは遠慮せず相談してください。

理想や思いを間違いなく伝えるコツ

要望を伝える方法は口頭でもメモでも写真でも絵でも、どんなものでもかまいません。以前、スクラップブックにびっしりと思いついたことを書き留めてきたお客様もいました。それは建てる側からしたら、お客様の理想が具体的にわかるので、非常にありがたいことです。

そうはいっても自分が考える「理想の家や部屋」というと漠然として難しいかもしれないので、まずは「こんなタイルを貼りたい」とか「外壁の色はこうしたい」とか、そういった細かいことからはじめると、理想が具体的になっていくかもしれません。

他社のパンフレットや住宅雑誌の切り抜きでも、ハウスメーカーに失礼などと思わずにお持ちください。気に入ったモデルハウスや知人の家の書斎スペースやキッチンをスマホで撮ったものでも問題ありません。そっくりそのままにはできないとしても、工務店やハウスメーカー側からしたら、お客様の意見に沿って、提案するプランが具体的になっていきます。見本があると、たとえば「理想的なキッチンとテーブル」の写真を見せてもらえれば、そのキッチンとテーブルの何が気に入っているのか？　どんな色なのか？　配膳のしやすさを求めているのか？　など理由を探し、たずねることで、お客様の要望を反映させることができるようになります。

ここに注目！　良い建設会社の見抜き方

ハウスメーカーと工務店の違い

それでは数多くあるハウスメーカー、工務店などの建築会社をどうやって選べばいいのか、具体的なポイントをお教えします。

まず、ハウスメーカーとは一般的に、全国展開をしている22社の大手のことをいいます。工務店は各地域にある、規模の小さな建設会社のことです。ゼネコンやマンションディベロッパーはビルや大規模施設の建設が主ですので、別枠です。家を建てる場合、大手ハウスメーカーに頼むか、地域密着の工務店に頼むかのどちらかになることが多いです。

大手ハウスメーカーと地域密着の工務店、どちらにもそれぞれ得意分野や利点があり、デメリットというか、弱い点があります。

ハウスメーカーで家を建てる

ハウスメーカーはプレハブ（工場生産）の会社が多く、工場などで前もってある程度つくりあげてから現場に運んでくるので、スピーディーに完成します。テレビCMなどでネームバリューがあるためステータスになり、営業力があって、セールスが上手なので、お客様としては安心して任せられるかもしれません。

しかしながら、注文住宅であっても、ある程度ハウスメーカーのルールに沿った中で検討をしないといけないことが多く、要望を伝えても「それはできません」と断られることもあります。たとえば、古い家の柱を再利用したいとか、知り合いの電気屋を使ってほしいとか、キッチンは自分のお気に入りのものをインターネットで購入したから取り付けてほしい、といった個別対応にはなかなか応じてくれないこともあります。つまり、決められた流れに沿って家がつくられるので、それ以外のことは認められにくいのです。

ハウスメーカーは、会社によっては独自の部材を建材メーカーに製作してもらっています。職人や現場監督は地元の工務店と共有しているところもありますが、独自の建材を使用して住宅に特色を持たせています。そこには各社の経験をもとに開発された知恵が入っているところもありますが、一方で、家の仕様や素材のわりに価格が高い会社が多いと私は感じています。大手ハウスメーカーはブランド価値を宣伝広告費を使って高めているので、その分割高になるのは仕方がないのかもしれません。

工務店で家を建てる

一方、工務店は全国に約3万社もあります。当然ながら会社ごとの住宅に対する考え方、仕様、質は違い、お客様が「これは当然だろう」と思っていることと、工務店が「あたり前」として行なっていることに開きがあることがあります。ここは注意点ですが、図面にも仕様書にも出ていないところや、お互いから話題にも出ていないところで、できあがったあとに「思っていたのと違う」という箇所があっても、工務店が通常そのやり方で行っていて、法律的にも問題ないのであれば、お客様の意見は通らないことがあります。ですので細かい点で気になるところや、「建てた工務店は違うけれど、知人の家はこうなっていたので同じようにしてほしい」など要望点は前もってしっかり伝えて、お互い書面で残しておいたほうが良いです。そのほか、会社だけでなく担当者によっても、技術や品質、対応力にバラつきがあります。それだけに見極めが重要です。また、地域の特色や経歴を生かして、ニッチな層に特化した個性の際立った会社もあります。
工務店で家づくりをする魅力は、価格が大手ハウスメーカーより安いことが多いので、入り口は価格面だと思いますが、最終的には、どこまでお客様一人ひとりの希望に沿えるか、顕在的なニーズと潜在的なニーズに沿えるかという個別対応力だと私は考えています。たとえば「知り合いの大工さんに依頼したい」、「今住んでいる家の床の間を再利用したい」などの要望にもできるだけ応じてもらいやすい。決められた流れや選択肢の中から選ぶのではなく、言葉ではうまく伝えられていない〝思い〟の部分をくみとって、たとえば「それならスキップフロアにしてみたらどうですか?」など、希望にできるだけ沿ってくれるなら、理想の家づくりが叶えられます。

地域密着型ということもメリットです。経営者や社員もお客様が建てる場所と同じ地域内に住み、生活圏が同じなので、顔見知りになったり共通の知り合いがいたりして、話がはずめば、良い関係を築きやすいですよね。さらに狭いエリアで仕事をしているので、職場や、親戚、知り合いの中に、同じ工務店で家を建てたという人がいることも珍しくありません。〝本物の口コミ〟や評判が集めやすいということですね。

こんなハウスメーカー・工務店には要注意!

さて、ハウスメーカーや工務店の良し悪しをどうやって見分けるのか? はじめて家を建てる人には難しいと思います。そもそも何度も家を建てる人はそうそういません。そこで設計・建築のプロである私が、「ここは注意すべき」というポイントをお教えします。ぜひ参考にしてください。

❶図面や細かい見積りを出さない

多くのハウスメーカーや工務店は、設計事務所と建設会社の両方を兼ねています。設計事務所のように数十枚から百枚クラスの図面を書いて、それから見積り価格を出すのではなく、たくさん準備してある標準図面と仕様書で金額を算出するので、特殊な工事や、標準工事以外の工事は全て追加工事になります。

良心的な会社では、きちんとお客様に分かるように図面と標準工事を示して見積りを提出するのですが、悪い会社になると、ただ値段だけを伝えて契約を促し、契約したあとに「図面はこれです」と見せたり、規格図面を出して「この中から選んでください」と言ってきたりします。

そこから「素材を変えたい」「もっと居間を広くしたい」のように要求すると追加工事として金額が増やされてしまいます。それで予算オーバーとなると、追加をあきらめるか契約破棄するかしかありません。

❷欠陥住宅をつくる施工レベルが低い会社もある

工務店の中には、いい加減にやっていたり、技術がなかったりする施工レベルが低い会社があります。ひどいところになると水平・垂直がきちんとできていないこともあります。そこに施工を頼んでしまうと、窓が開きづらい、ドアが開かない・閉まらない、床が傾いているということにつながります。引き渡しが済んで住みはじめてから気づいてクレームを入れても、直してもらうには大変な手間と苦労がかかります。

❸地面が沈下して家が傾く、または床が傾く（土地を見る専門家がいない）

家を建てる地面が弱ければ、地盤沈下の恐れがあります。2章でも述べましたが、地盤が弱くても地盤改良工事などで対応できます。しかし、地面が弱いことに誰も気付かずにそのまま建てられてしまうと、住宅は地面の上に載っているので、地面が沈下するとそれに合わせて家が傾いてしまいます。土地を見る専門家または詳しい建築士がいない会社は避けましょう。

❹若手の社員が少ない。または、何十年も同じつくり方をしている

家づくりといえどもやはり流行があります。新しい技術が世に出ると、暮らし方やライフスタイルについて世代ごとに感じることや考えていることが変わっていきます。本当に全然違うのです。新しい生活様式を一緒に考え開発できる社員がいる会社は強いです。自分達のライフスタイルを理解できる会社かどうかの判断材料になります。

また、終《つい》の住み家をご検討のご年配の方は、若手の社員がいなくても自分には関係ないと思うかもしれませんが、それは大間違いです。現代の技術は日進月歩。どんどん新しくなります。たとえ終の住み家であってもその恩恵を受けることで、生活の質が大きく向上します。

仮に若手の社員がいなくても、毎年毎年新しいことに取り組んでいる会社でしたら、最新の技術や工法、スタイルを取り入れてくれると思います。

❺打ち合わせの内容を書面で残さない

ちゃんとした会社、ちゃんとした営業マンは、打ち合わせの内容をきちんと書面で残します。内容を書面に残していないことで、お願いしていたのとは違うお風呂だったりとか、床や壁の色が違ったりとか、打ち合わせと違うものが施工されていることがあります。書面で残されていれば「違う」と言えますが、「最初からこの約束だった」と言われたらそれまでです。

❻建築基準法に違反した工事をしている

安く仕上げるため（利ざやを儲けるため）、建築基準法に違反した工事をする悪徳会社もあります。言語道断ですが、実際にありますし、残念なことにレアケースというわけではありません。たとえば造成に許可が必要な案件なのに、金額を安く抑えるために、許可を取らずに勝手に工事をしているなどです。何年か後に家を建替えようとしても、土地の擁壁《ようへき》などの許可が出ていないところに建てているので、建替えはできません。それどころか、本来家を建ててはいけない用途地域の土地に建てると、後から家を出ないといけなくなります。

他にも強度の足りない壁や柱にされていたり、ブロック塀が鉄筋で補強されていなかったりするなど、悪質な話を聞くことがあります。

❼建物や設計が全然進んでいないのにお金を請求してくる

本来建築工事のお金の支払いは出来高に沿って請求するものですが、不相応なお金を請求してくる会社があります。設計も建築も全然進んでいないのに、100万円、200万円と頻繁に請求してきて、結局倒産した例があります。工事が止まっているのにお金を請求してくる会社は要注意です。

たとえば七呂建設の場合ですが、**(1)契約金　(2)着工金　(3)中間金（上棟金）　(4)最終金**と、支払いは4回に分かれています。

まず契約金（手付金）が3％。次に着工金が27％です。そして中間金（上棟金）が40％。屋根まで形ができる棟上げの段階で、構造体と構造金物が見える状態で構造検査をします。それが終わった段階で中間金となります。最後に最終金30％で、完成してお客様に確認してもらう施主検査のあとに問題なければお支払いいただきます。その後、引き渡しとなります。

入金時期と割合は会社によってまちまちですので、事前に確認をしましょう。

❽契約内容と違うのに対応してくれない

工事中や完成後に話し合いに応じてくれず、契約内容と違うものができあがったのにもかかわらず、入金を催促してくる会社もあります。まずは契約内容と違うと判明したときはすぐに話し合いの場を設けましょう。すぐに修正できるものと、すぐには止められない工事がありま す。見学や検査のとき、「これは違う」と言っても話し合わずに、ごまかそうとする会社は要注意です。

❾見えない場所を汚す・汚れを放置する

床下や小屋裏などの目につかないところが汚い、汚れたままになっている、またはゴミが放置されていたという話を聞きます。せっかくの新築なのに、不快になる例です。

悪いハウスメーカーにはこう対策しよう

もし悪いハウスメーカーと契約してしまった場合は、次のように対策して、「新築戸建てなのに欠陥住宅」などといった最悪の事態を避けましょう。

・契約前、少しでも疑問点があれば、図面や明細など納得できるものを書面で出してもらいます。何が必要かわからなければ、平面、立面、パース、仕様書、矩計図《かなばかりず》（断面図＋文字で何を使っているかを記入してあるもの）、見積書を提出してもらいましょう。

・建て方（上棟後）の検査を行っているか確認しましょう。そこで、ちゃんと垂直や水平の検査をしているか確認し、していなかったらしてもらいます。検査の結果、もし垂直や水平でなかったら直してもらいましょう。

・打ち合わせ時はどんなときも書面で確認を行い、複写式の打ち合わせシートを使用して、双方に打ち合わせの履歴が残るようにしてもらってください。

・重要事項説明は義務付けられているので、重要事項説明がされていないときは催促をします。そして法律に適合していることを確認してください。

・お金の入金の流れは一般的に説明されるはずですが、説明がなければ催促をして、設計や建築の進捗割合よりも、お金の支払いペースが極端におかしければ是正をしてもらいます。

・工事中の壁の内部、床下や小屋裏など見えなくなるところは写真を提出してもらいましょう。

・工事中や打ち合わせ途中など、気になるところがある場合はすぐ連絡して打ち合わせの場を設けてもらいましょう。

こうしたことを要求しても拒否される場合は、かなり要注意です。あきらめずにしつこく要求してください。

良いハウスメーカー・工務店はここでわかる

では次に、良いハウスメーカー・工務店の見つけ方です。これを踏まえて、モデルハウス見学やハウスメーカー、工務店を訪問してください。

家の見学会などで実際の施工例を見る

ハウスメーカー・工務店の良し悪しを見るには、実際の家を見るのが一番です。技術やセンス、見た目だけではなく防災や快適さに気を配っているか……様々なことがわかります。

ただし、モデルハウスでは築年が古い場合も少なくありません。できるだけ新しい家を見せてもらうのがお互いにとって良い結果につながると思いますので、「お客様の家の見学会」があれば、ぜひ参加してみてください。

お客様からのアンケートや手紙を見せてもらう

お客様から届いた感謝の手紙は建築会社にとって嬉しいものなので、捨てられないので残っているはずです。個人情報保護法もありますので、はがきや手紙の現物を見せてもらうのは難しいかもしれませんが、「見せられる範囲で」とお願いしてみましょう。

従業員や社員が自社でどのくらい建てているかを確認する

社員がいいと思う家なら、自分たちでも建てているはずですよね。まずは営業の担当者に「この会社で家を建てましたか？　家を建てたいと思いますか？」と聞いてみましょう。ごまかしたり、言いよどんだりしたらちょっと注意が必要かもしれません。

「社員の建築率はどれくらいですか？」と聞くと、より客観的な情報がわかります。ちなみに弊社では入社後に家を建てた人の建築率は１００％です。すでに建てたあと入社した人と、新卒入社でまだ建てていない人も含めた、全社員に対しての建築率は30％以上です。

大工さんがどのくらい建てているかを確認する

大工さんは社員よりも住宅の素材の質について詳しい、いわばプロ中のプロです。いろんな会社や様々な仕様の家を建てているし、最新の建築材などについても実際に扱っているわけです。その大工さんが選ぶ家なら、まず間違いはないと思っていただいて大丈夫でしょう。

弊社では大工さんや他の業者さんにも、毎年建ててもらっています。社員にとってもお客様に自信をもってすすめられる要因です。

構造や省エネについて質問しても答えられる

構造とは家のつくりのことで、その家が長期的に耐えられるかどうか（どれくらい長く住んでいられるのか）と、地震や風、水害など短期的、一時的な災害に耐えられるようになってい るかどうかに関係します。災害が起きたあとなどには、国から指針が示されることがあります。省エネは新しい補助金などの指針が毎年国から示されます。

この二つについて質問しても、明確に答えられないということは、建築についての勉強をおろそかにしているということになり、何年、何十年と同じことをやり続けている、知識が少なく時代遅れの会社の可能性があります。建築士の資格者は、定期的に講習を受けなくてはならないということになっています。きちんとした会社であれば、担当の営業マンがその場で質問に答えられなくても、しっかり調べて回答してくれるはずです。

ウッドショックの中で木材や資材が確保できているか確認する

２０２１年、世界の木材の需要量が激増して価格が高騰し、日本の木材加工工場の生産量が低下しました。なぜなら原木や木材の日本国内での流通が減ったからです。これはコロナ禍で木材の輸入がストップしてしまったから起こった世界的な問題で、「ウッドショック」と呼ばれています（２０２１年10月現在も解消せず）。

そうしたトラブルの中では、木材を確保できる会社と確保できない会社とに分かれます。確保できる会社は、木材加工工場から見ても信用できる会社で、供給を続けたい会社となり、確保できないのは木材会社から選ばれない会社ということなのです。業界の信頼度をはかる一つの目安になると思います。

在籍の資格者を確認する

住宅規模の現場監督個人には資格は不要ですが、会社として住宅の設計や建築をするには、国土交通大臣もしくは都道府県知事からの許可が必要です。また、許可を得るためには建築士や施工管理士の資格者が必要です。有資格者が多数在籍している会社ならば、それだけ人材を育成できているということですので安心できます。在籍建築士の資格者名簿を閲覧できることが、法律で義務となっています。定期講習の受講状況も名簿に記入しなければいけませんので、きちんと勉強を継続している会社かどうかの目安になるかと思います。

外構工事（駐車計画やアプローチ）も含めて提案しているか

住宅を建てる土地は様々です。狭小地や斜面、道路との高低差など、外構についての設計も住宅と合わせて行われないと「車が駐められない」「外構の造成に対して、後になって予想外の追加請求を受けた」となりかねません。

アプローチ計画・駐車計画について、平面図と工事完成時の高低差がわかる図面を提案してくれる会社は安心できます。

プロとしての提案があるかどうか

お客様の要望をかなえることは大切ですが、実現をする方法にプロとしての意見や見解が入っておらず、ただ言われた通りにするだけでは、失敗する可能性があります。

窓口は営業担当者や受付かもしれませんが、設計士や現場監督が社内にいて、営業が相談をしたら社内にて技術的なアドバイスがされている会社だと安心です。

建設会社社長が明かす、良い営業マンの見極め方

信頼できる営業マンの特徴とは

良い工務店を選んで、理想や要望を具体的に伝えても、それを聞いた全ての営業マンが親切に対応してくれるかというと、これもなかなか難しい問題です。

ハウスメーカーや工務店にもそれぞれ事情があり、予算の兼ね合いで期待に応えられないケースもあれば、お客様の要望をうまくかわして自分たちのパッケージに沿った形で売ろうとする悪徳な営業マンもいます。

営業マンと注文住宅の交渉をする際、いくつか気を付けたい点があります。安心して任せられる営業マンが担当になれば、家づくりを楽しむことができますし、その後の生活にも満足できるはずです。お客様よりも自分の利益のみを優先するような担当者の場合は、要注意です。

まずは信頼できる営業マンの特徴について説明します。

こんな営業マンなら信頼できる①最初に家の性能についてしっかりと説明をしてくれる

家では、表面に見えていない部分に、たくさんお金がかかっています。柱や梁などの構造材の種類は何か？　木、鉄骨、コンクリート？　木造なら樹種は何か？　接合部の金物はどうしているのか？　断熱材は何か？　換気システムはどうなっているのか？　天井裏はどうでしょうか？

一通りの説明を最初にしてくれるところには、明確な会社の標準仕様が決まっています。一定の考え方を持って建築をしていることがうかがえます。

この説明ができない会社は標準仕様が決まっていません。それが決まっていないと、その都度、仕様を決めていくため、設計に時間と費用がかかります。それを防ぐためにハウスメーカーや工務店は標準仕様を決めています。

こんな営業マンなら信頼できる②ライフスタイルについてヒアリングをしてくれる

どんな暮らしがしたいのか、具体的に話を聞かないと注文住宅は絶対につくることができません。家にはそれぞれの家族の暮らしぶりが表れます。居住者が過ごしやすくなるようにどんな家がいいのかを提案するのが建設会社の仕事です。それをしっかりヒアリングしてくれる担当者に出会うまで、あきらめないことが重要です。

こんな営業マンなら信頼できる③資金計画を現在の家計から逆算してくれる

これは実際に支払っている月々の生活費から予算を逆算する方法です。つまり、今の生活費のうち、家賃分に上乗せしていくらまでなら支払い可能かを考えて、そこから総額を出します。こうすると想像がしやすいですよね。そしてこれは、オーバーローンにならないためのコツでもあります。なかには家の規模などで、予算を増やす結果になることもありますが、納得したうえで、月々の支払いを増やすことになります。

こんな営業マンなら信頼できる④子どもの面倒を見てくれる人や場所を用意してくれる

打ち合わせ中に子どもの面倒を見てくれる人やスペースが準備されている、そうした環境があることは大切です。

注文住宅は契約してからの打ち合わせのほうが、実は時間がかかります。契約前は1回あたり2〜3時間ですが、契約後は時間にして丸1日分が数日必要です（半日ずつにして回数を増やすことも可能です)。外観にかかわること、内装にかかわること、キッチンやトイレ、お風呂・洗面などの設備にかかわること、コンセントやスイッチなどの設備にかかわることなど……それはたくさんのことを決める必要があるのです。

たとえばドアの一つでも、ドアの形、ドアの色、ドアの模様、ドアノブの形、ドアノブの色などです。つまり、その打ち合わせの間、子どもが過ごしやすいスペースがないと大変なことになります。家を考えるどころではなくなりますから、打ち合わせ環境を確認することも大切です。

こんな営業マンなら信頼できる⑤打ち合わせ内容を徹底的に確認する

打ち合わせの最後に「本日の打ち合わせ内容」を全部確認してくれる営業マンのことですね。たとえば打ち合わせの最後に「今日は1、○○ 2、○○ 3、○○ ……でした。次回は○○を予定しています。楽しみにしていてください」と言って打ち合わせを終わらせる営業マンは当たりです。

家づくりでは色々な話を同時に進めていきます。土地の話、間取りの話、スケジュールについて、奥様の要望、ご主人の要望、資金計画や相続問題など。打ち合わせの最後に振り返りをしないで解散すると、家に帰り着く頃には断片的にしか思いだせなくなってしまいます。はじめて家を建てる方が、段取り良く進めていくためには、振り返りが必要なのです。

こんな営業マンなら信頼できる⑥打ち合わせ内容を書面にまとめてくれる

⑤では打ち合わせの最後に「本日の打ち合わせ内容」を全部確認してくれる営業マンは当たりと言いました。さらに書面にして渡してくれる、もしくは複写シートで渡してくれる営業マンや会社なら、なおさら安心です。家でゆっくりお風呂に入った後に、考えることだってできます。

はじめての家づくりでわからないことがたくさんあると思います。「今度の打ち合わせまでに住民票がいるのか……。次の休みはいつだから、○日なら取りに行けそうだ」などと確認できます。そう、家の計画をしているときは営業マンもお客様もやらないといけないことが沢山あります！　書面の「やることリスト」がほしいと思いませんか？

こんな営業マンなら信頼できる⑦打ち合わせの都度、プランを修正してくれる

打ち合わせの最中に、お客様がちょっとつぶやいただけの独り言でも、全部メモをして、最後に確認しようとする営業マンは優秀です。一方、そういった小さな声を明らかにやりすごしたり、ごまかしたりする営業マンが結構います。ようするに、営業として「気配り」ができるかどうかということです。気配りができる営業マンは、家族全員、子どもも含めて皆の意見を聞こうとします。

打ち合わせ連絡票にその日の打ち合わせ内容を書いて、次の打ち合わせ時に反映したプランを出す。予算や敷地の制約でできない部分があったとしても、最大限考慮して提案する。そういう営業マンは心強いです。1回1回、打ち合わせのたびにプランを書き直すのは、意外と手間がかかるものです。

中には次の打ち合わせに、図面が何も変わっていない状態で臨む営業マンもいるようです。そうすると、お客様は「言ったことが通じないのかな」とか、「構造的に難しくてやってくれないのかな」と頭がハテナ状態になってしまいますよね。それでは納得いく家づくりにはなりません。

こんな営業マンなら信頼できる⑧打ち合わせを嫌がらない

間取りの打ち合わせの頻度についてですが、毎週、または、少なくとも2週に1回は打ち合わせをしてくれる、何度も何度もしてくれる。これは間取りについて真剣に取り組んでいる証拠です。

間取りによって生活の質が違ってくるので、注文住宅では間取りをしっかり満足いくまで打ち合わせすることが非常に大切です。大変かもしれませんが、一緒に理想の間取りづくりに取り組んでくれる担当者を探しましょう。

なるべくなら避けたい営業マンとは？

要注意な営業マンの特徴

私の立場としては、建築業界にはまじめで熱心でいい営業マンばかりだと言いたいところですが、残念ながら、自分の成績や利益を優先してしまう営業マンも中にはいます。最初は口ではうまいことを言っておいて、契約を取ったら今までの熱心さはどこへ……という人だっています。

施主にとっては大金を支払うたった一つの大切な家なのに、営業マンに、数ある契約のうちの一つとして適当に扱われてはたまりません。ここでは気を付けるべき営業マンについて解説します。

こんな営業マンには要注意！①はじめて見学に行った会社の担当者が、その日の夕方、玄関で待っていた

見学会に行って「次の打ち合わせ日はまた連絡します」と伝えて家に帰ったら、自分達よりも早く、玄関で担当者が待っていたという話を聞きます。熱意溢れる営業スタイルです。ちょっとびっくりはするけれど、人によっては嬉しいことかもしれません。でも、その会社全体でお客様の数が相当少なく、担当者が必死になってあなたをフォローしているのかもしれません。

それが悪いことではなく、とても丁寧に相談にのってくれる可能性はもちろんあります。でも、全体のお客様が少ないということは、やはり人気がないということで、つまりはなにかしら問題点がある可能性が高いと思いませんか？　もし契約を急かしてくるなら、要注意です。

こんな営業マンには要注意！②大幅値引きで契約を急がせる

「いま契約してくれたら、百万円単位で値引くことができます。是非契約しましょう」と迫ってくる担当者も珍しくないそうです。

ほとんど仕様の詳細もわからない、間取りの提案もない状態で見積りを出してくる会社が時々あります。そして、数百万円を値引きして、「いますぐに！」と決断を迫ることがあるので要注意です。慣れない家づくりに疲れた頭で判断力が鈍っているところに「いまハンコを押してくれたら150万円、いや200万円お値引きします！」と言われたら、一見お得に感じてしまいますが、冷静になればわかることです。そう、最初から上乗せしていたから痛くも痒くもないわけですね。

そういう会社は商品力が弱いので、最初は値段を上乗せしておいて、競合相手がいるとわかったとたん、突然大幅な値引きをしてくるという価格勝負の手法を取っています。数十万円単位でも、値引きは大変なことです。それなのに百万円単位で値引くと言ってきたら、仕様や図面など、家の中身をしっかりと確認する慎重な態度が必要です。

こんな営業マンには要注意！③「他社と同じ家なのに価格は安いです」という営業トーク

「とにかく〇〇社と同じ家です。そして、そこより安くします。契約しましょう」と迫ってくる担当者も要注意です。

他の会社の建築内容を、本当に理解できる知識と技術、提案力がある会社は、自社の住宅についての内容も理解しているはずですので、きちんと仕様について説明できるはずです。また、他社の建築内容を全て理解できるレベルの知識があれば、独自で研究して本当にいいと思うものを提案できるはずです。そうすれば値引きする必要はないのに、それができないことを物語っている営業手法だと思います。

何が正しくて何が間違っているのかわからないのかもしれません。また、使っている部材だけを一緒のものにすることで、仕様が同じになると考えているところにも危うさを感じます。施工方法や他の部材との兼ね合いまで理解して建築しないと、本来の性能や求めている成果を発揮できなくなる危険性があるからです。

だから、このようなことを言う会社で家を建築すると、似て非なるものができあがります。

こんな営業マンには要注意！④室内のパース（イラスト）がない提案書で契約を迫る

お客様は建築の専門家ではありません。設計士が書いた図面を見ても、自分の家の間取りを頭の中で想像するのは難しく、とても疲れます。建築に携わっている人は気が付かない人が多いのですが、お客様のほとんどは書いてある図面を空間として頭の中で描くことができません。また、立面図だけ見て家の外観を想像できる人は少ないでしょう。

どこが出っ張っていて、どこがどう見えるのかをイメージするのは大変です。そんな状態でイメージの中で家の色を変えたりしながら打ち合わせを続けるのです。そうすると、とても疲れたり、思っていたのと違ったりしてストレス満載の家づくりになります。

解決するには、「打ち合わせのたびに、毎回パース（イラスト）を見たい」と言って、パースを出してもらえばOKです。そういった対応をしてくれる会社のほうが親切だし、イメージを共有しやすいはずです。

こんな営業マンには要注意！⑤見積りを出す前に契約を迫る

見積りが出てこないうちに「○○をサービスするから契約しましょう」と迫る担当者には要注意です。見積りがないのに契約をすることがあるのか？　という疑問ですが、あり得ます。

たとえば設計だけを依頼するケースでは、設計費用の見積りだけで全体の詳細な見積もりが出ないことがあります。その場合は「設計契約」と明記されているはずです。また、標準仕様が決まっていなくて、仕様を決める場合は、何を基準にして見積ればいいのかわからないケースもあるかと思います。

しかし、施工をする会社が見積りを出してこない段階で契約をするのは要注意です。見極めとしては、ある程度、間取りや建物の形状が決まって、「見積りをください」と言ってから3回打ち合わせをしても見積りが出てこない場合は、なぜなのかをきちんと確認しましょう。特殊な工事には見積りに時間がかかるケースもあるからです。建物の形状・ボリュームが決まれば、一般的な仕様でとりあえずの概算見積りは可能なはずです。図面と仕様と見積りはセットで契約しないと、実際に家を建てるときに違う材料を使われても、わからない可能性がありま す。

こんな営業マンには要注意！⑥資金計画を住宅ローンの限度額いっぱいで提案してくる

住宅ローンは年収などで借り入れできる金額がある程度決まってきます。その限度額いっぱいまで資金計画をして、「お客様の家は8000万円で建築できますよ」と言われても困りますよね。収入の全てを住宅に充てるわけではないですし、お子様の学費や趣味や旅行、ご家庭によって生涯に必要になる資金は様々です。それを理解していない状態で家を建てるとオーバーローンになる可能性があります。

どんなライフスタイルでこれからの人生を生きていくのか、お子さんやご両親との計画はどうなのか、そういったことを細かく相談できる担当者に巡りあえるように担当者の変更をお願いしてもいいと思います。限度額いっぱいで提案したのは、営業担当者の采配かもしれませんので、再提案の依頼をしてみて、難しそうなら営業担当者の変更をお願いすることもありえます。

こんな営業マンには要注意！⑦間取りを変更してくれない

注文住宅とうたっているのに、間取りを変更してくれない会社が結構存在します。何度伝えても、間取りの変更に応じてくれないのです。もし、希望の間取りにならない原因が、担当者が要望をきちんとヒアリングできていない、あるいはお客様を理解できないのならば、担当者を変更すれば解決する問題です。

しかし、実のところ注文を受けてから家を建てることを「注文住宅」と言っていて、自由設計ではないことがあります。「間取りにこだわりがないからそれでもかまわない」とは安易に考えないほうが良いです。

間取りに家事の効率化、時短化についての設計が組み込まれているかどうかで、その後の人生の価値が違ってきます。間取りは絶対に納得できるものを考えるべきです。最終的には資金面で妥協せざるを得ないところもあると思いますが、家事時間の短縮で費用が大きく増えることはほとんどありませんので、ぜひ検討していただきたいと思います。

こんな営業マンには要注意！⑧後悔前提の話をしてくる

「家は3回建てないと、後悔しない家は建てられない」

こんなことをもし担当者に言われたら、その担当者と一緒に家を建てる必要はないと思います。おそらく、お客様を満足させられる家を建てる自信がないのでしょう。

長く住んでいたら家族構成も変わるし、改善点は出てくるものですが、「ここはこうしたほうが良かったな」みたいな小さな不満は、リフォームやDIY、ちょっとした工夫で改善できることがほとんどです。理想通りの家でくつろげたら、満足のほうが強いもの。家事時間が半分になれば、生活の質はかなり豊かになります。後悔する家づくりを皆がしているはずがありません。満足のいく家づくりをしている方もたくさんいますよ。

満足できる家を手に入れるポイント

予算が厳しいときの優先順位の付け方

あまり予算がないときの考え方として、まず住み心地を重視してもらうことが第一だと思っています。限りある予算の中で家を建てるならば、まずは「土地の安いエリア」に視野を広げてもらいます。家の構造、仕様をランクダウンして値段を下げるのではなく、土地が安いエリアにして費用を落とすのです。土地代は場所を変えるだけで、数百万円単位でコストを下げることができるからです。土地の坪単価は、坪10万円のエリアから、坪100万円のエリアまで、同じ広さでも10倍の価格差があることもあります。

しかし、キッチンやトイレ、外壁や内装の質を落とすとか、家の仕様をランクダウンすることで、数百万円（同じ家の大きさで約2～3割分の金額）分のコストを下げていくのは至難の業《わざ》です。まずは建てるエリアを見直ししていくことが最優先になります。

次に要望リスト（理想リスト）を作成して、そこに○（必ずほしい、絶対に付けたい）、△（できればほしい）、×（予算の都合であきらめる）をつけます。×から削除していって、それでも足りなければ△の中から削除します。そうすることで理想から大きく離れず、ある程度はコストを削減できます。

どうしても月々の支払い上限金額に合わない場合、おすすめするのは「太陽光発電」を付けることです。太陽光発電設備を自宅に設置すれば、月々の支払いが難しい分を、売電して入ってくるお金でまかなうことができます。

2008年の太陽光発電の助成策強化で国内市場は拡大しましたが、売電価格は下がっています。しかし、設置費用も下がり、かつ発電効率が上がったことで、少ないパネルの枚数でもたくさんの発電をできる状況になりました。売電だけでなく、自家消費すれば、電気代の節約になり家計を助けてくれる存在にもなります。

ただ、固定価格買取制度（FIT）の10年が過ぎれば、より売電価格は安くなります。国からの補助金は2014年に終了しましたが、地方自治体によっては補助金を出す地域もあるので、自分のお住まいがどうなのかはそれぞれの自治体で確認をしてみてください。また、国からも蓄電池補助金やZEH補助金が支給されているので、そちらも確認してみることをおすすめします。

もちろん、屋根に陽があたる物件が前提ですし、売電単価は下がってはいますが、月に8000円程度の収入にはなると思います。仮に家を建てる予算がオーバーしていても、太陽光発電があれば、売電収入を住宅ローン返済に充てて多少の金額はペイできます。

他にも、支払いの足しにするために、賃貸併用住宅をお考えの方とか、駐車場の貸出をされる方もたまにいます。ただ、これらのケースも借り入れの総額が増えるので、注意が必要になってきます。

中古住宅でチェックすべき箇所

新築ではなく、中古物件を買うときのポイントについても簡単に説明しましょう。耐震面で最初に見るポイントは築年数です。1981年6月以降建築の木造住宅は、それより前のものに比べ、地震の被害が少ないとされています。次に、大きな災害を経験したり、増築をしていたりした場合は、住宅の構造体が変形したり、変更されている可能性があります。また木造住宅の場合、地震に耐えるのは壁になります。東西南北、全ての外壁面に壁があるのが大切で、長さはできれば4分の1以上が壁であることが望ましいです。時々、自然光がさんさんと降り注ぐ開放的な掃き出し窓がある家を見かけますが、この掃き出し窓の長さが1面において4分の3以上を占めているのは耐震性の面では危険です。壁の面積を小さくする際は、何らかの形で壁の強さを上げていくことが必要になります。

次にチェックするポイントは、水漏れ、雨漏り、腐れです。そして見る箇所は、まず「床下」です。床下には家中の給水給湯管と、排水管が通っています。床下は普通は乾いていますので、湿っている場所があれば水漏れしている証拠です。水漏れはカビや腐れの原因となります。床下収納庫がある場合、収納を外すことで床下を点検することができます。懐中電灯を照らして頭を突っ込めば見られるので、確認してください。

その次に見る箇所は「天井」「室内の壁」です。「雨シミ」を探すことで、雨漏りの有無がわかります。ただ、窓まわりの床には窓を開けはなしていたときに吹き込んだと思われる「雨シミ」もありますが、それは雨漏りではありません。

雨漏りで危険なのは、壁の内側や天井の中へ、常に雨が浸入している場合です。一時的に雨に濡れただけなら、シミができる程度ですが、継続的に濡れ続けると、やがて木が腐ってしまい、強度がなくなって地震にも弱くなってしまいます。

1階の天井に「雨シミ」があるため、2階に上がってみたらバルコニーの床にひびが入っていたというようなケースなら、雨漏りと明らかにわかります。そういう場合は、2階バルコニーの床と1階天井の間にある、梁や柱などの構造材が腐る可能性があります。しかしながら、どこから漏れているかわからないケースも多く、浸入経路を探したり、雨漏りでダメージを負った家を修繕したりするのには、手間とお金がかかりますから、天井や壁などのシミの跡をしっかり確認しましょう。

次のチェックポイントは「換気」です。給気口や排気口がちゃんと機能しているのか、確認してください。

換気が悪いと住人の健康生活に影響が出てきます。給気口や排気口のフィルターを点検し、汚れがたまっていれば掃除して、メンテナンスしてください。また、「通気」が悪いと住宅の損傷や性能の低下につながります。小屋裏や床下で点検口を開けたとたん、モワッとしたカビくさい空気が出てきたら、先ほどの雨漏りか、そうでなければ通気が悪い証拠です。面倒かもしれませんが、点検口を開けて中をのぞくだけでも違いはわかりますので、おすすめします。

前述の通り、中古住宅の場合、屋根やバルコニー、壁などに雨漏りの被害が生じていることがあります。

その場合、まず雨の浸入経路を探すのですが、それがひと苦労です。外のどこから漏れているか塞ぐ場所を特定しないといけないからです。場所が特定できれば、破損個所を新しいものに交換したり、「塗膜防水」を塗って修理します。FRP塗装で防水していることも多く、その場合はもう1回塗装をかけます。または、シートの防水が破けていたら、シートをもう1枚重ねます。窓まわりにはコーキングを施工しているので、ひび割れてしまうと雨が浸入してしまいます。ただし、コーキングは二次防水なので、外壁から水が中に入っても、壁の中に防水シートがあるので、防げるはずです。

中古住宅の自分でできるメンテナンス術

他に自分でできる日常のメンテナンスとして、バルコニーの雨どいに落ち葉がつまっていたら雨漏りにつながるので掃除をしてください。雨が「とい」を伝って「ます」につながるように葉っぱを取り除きます。屋根に半円形の「軒どい」が付いていますが、その中にたまったゴミなどは料理用のおたまを使うと取りやすいのでおすすめです。ただ、バルコニーに脚立を立てる必要がありますので、安全に気を付けてください。

それ以外の中古住宅でできる日常のお手入れとしては、以下のようなものがあります。昔のフローリングにはワックスをかけないと床が傷んでくるものがありますので、ワックスがけが必要です。ただし、最近の住宅はほとんどがワックスフリーといって、ワックスがけ不要のものが多いです。また、窓の桟《さん》の清掃をしないと、窓の下に入っている戸車が傷んで、窓の開け閉めがスムーズにできなくなる可能性があります。さらに、玄関ドアなどの蝶番《ちょうつがい》への油差しや網戸の清掃や貼り替えが、日常のお手入れとなります。

第6章

心が豊かになる家づくり

暮らすだけで幸せになる家

お金持ちは家を建てるとき、どこにお金を使うのか

最後の章では、私がこれまで様々な方の注文住宅の建築を行ってきた中で知った、「お金持ちは住宅を建てる際にどんなことにお金を使うのか」という、世間ではあまり知られていないお話からはじめていきたいと思います。

自分とはあまり関係ない話と思うかもしれませんが、お金持ちの考える住宅観は、じつは多くの人にも必要な視点があります。そして、それは「未来の家づくり」にも通じる部分があり、これから家を建てる人にとって勉強になることがあると思います。

たとえば今の時代は食洗機が標準ですけれど、そうではなかったころ、食洗機があれば家事は楽になるし、時間短縮になるのは間違いないと話をしても、ためらうご家庭が多かったです。

今まで通り手で洗えばこと足りるのに、わざわざお金を払って新しい設備を入れるのはもったいないと感じるようでした。でも食洗器を導入すると時短につながりますし、食器を乾燥させるためのスペース（空間）も、キッチンの天板の上に取らなくて済みます。

小さな例ですが、最初にお金をかけて、日常の時間と空間をつくり出すことができます。その時間と空間を別の新たなもの、家族と過ごす時間や趣味や料理などの習いごとに使うことで、新しい価値の創造ができるかもしれません。

お金持ちの方は、お金を消費するものに使うのではなくて、「投資」、つまり新たな価値を生み出すものに使うと聞きます。新たな価値の種類としては、「お金」や「時間」、「空間」、「家族」、「精神性」などがあると思います。

家づくりにも、そういう新たな価値をつくり出すという側面があると思います。家を建てられたお客様から、家を新築したら自宅で過ごすことが多くなったという声を聞くことがあります。

外食や外出が減ることで、お金が節約できることもありますし、勉強がはかどるとか、趣味が増える、仕事ができるなど、発展的な面もあります。そういう面もあると知ったうえで家づくりを行うと、少し違った選択が出てくるのではないでしょうか。

オーストラリアに学ぶ幸せな家庭

2018年にオーストラリアへ住宅展示場の視察に行きました。国連が発表した「World Happiness Report 2019」によると、オーストラリアに住む人の幸福度は世界11位です。対して日本は58位で、先進国の中ではかなり低いと言えるでしょう。国民が幸福な理由の一つに、オーストラリアでは〝働き方改革〟が進んでいるということが挙げられます。

オーストラリアの経済成長を支えてきた要因の一つに挙げられる〝働き方改革〟ですが、働く場所・時間を固定せず、より生産性を向上させる「ABW（アクティビティ・ベースト・ワーキング）」という仕組みや、心身ともに健康で精神的に満足しながら仕事ができる「ウェルビーイング」の概念を、オフィスに取り入れる企業が増えているそうです。オーストラリアの働き方は、ワークライフバランスを重視しつつ高い生産性も保つという考え方で、たとえば残業すると残業代は給料の1・5倍や2倍と跳ね上がるため、経営者も残業をさせないし、労働者も残業や休日出勤はほとんどしないことになるそうです。

ショッピングモールも17時や18時には閉まってしまうところも少なくないそうです。日曜日なんて16時に閉まるところもあって、店員など働き手も早々に家路に向かう様子でした。そうやって、職場でダラダラと時間を過ごさないので、必然的にオーストラリア人は家で過ごすことが多くなります。

オーストラリアに住んでいる方に聞いたのですが、賃金や時給が高いからといって、外で豪勢に過ごすわけではないそうです。オーストラリアの物価は高いので、外食に関しては控えめだとか。

一方で、野菜や肉・魚など食料品や日用品は安いこともあり、自分たちで料理を楽しむなど自宅で長く過ごす傾向にあるようです。たとえば、自慢の庭で家族そろってバーベキューを楽しむのです。また、庭の手入れに時間を割く人が多く、家に面した道路に生えている街路樹などの手入れも、住民が行う決まりになっているようでした。そうした働き方や文化を目の前で見たことで、日本の働き方改革の制度も、オーストラリアと似たような道をたどるのではないかと感じました。

「室外のリビング」アル・フレスコを日本にすすめたい理由

それで、「アル・フレスコ（アウトドア・リビング）」が、これからは流行ると実感したのですが、実際はそういった働き方改革などの制度や世の中の流れによってよりも、新型コロナウイルスの影響で、ニーズが出てきはじめました。コロナ禍のせいで、家で過ごす時間が日本でも確実に長くなったからです。自宅生活が長いときは、いかに快適に過ごせる家なのかは、とても重要なのだとあらためて思いました。

アル・フレスコとの出会いは、先にお話ししたオーストラリア視察の際に訪れた住宅展示場です。展示されているたくさんの住宅にアル・フレスコが付いていたんです。アル・フレスコとは室内の延長線上、屋外にもリビングが延長しているスペースのことです。屋外ですが、屋根がかかっているリビング。そこで、バーベキューができたり、ソファに寝っ転がりながらくつろいだり、プールで運動したり、友人を呼んで一緒に食事したりできます。開放的な屋外でのんびりおおらかに食事をするスタイルや、花壇に花を植えたり、ハーブを植えたり、またペ

アル・フレスコは壁のない開放感のあるリビングが特徴

ットと一緒に過ごしたりするスタイルは、これからの家づくりのトレンドになると感じました。
そこで早速、日本に帰ってからオーストラリアで学んだアル・フレスコ住宅をもとに、日本版アル・フレスコ住宅のモデルハウスを設計・建築しました。２０１８年7月に視察に行って、その4ヵ月後の11月に完成・オープンしました。

アル・フレスコがあると何が良いのかというと、住む人の心と身体が豊かにくつろいだ生活ができるということだと思います。今日は晴れて風が気持ちいいから外（アル・フレスコ）でバーベキューにしようかとか、庭で運動をして、そのままお茶を飲んで休憩しようとか、外で読書をしようとか、屋内のリビングだけでなく屋外にリビングがあることで、生活に変化が出てきます。

また、アル・フレスコがあると、人が集まる家になると思います。「今日はバーベキューをするから遊びにおいで」となって、呼ぶ人も訪れる人も、屋外なので気軽に遊びに来ることができます。しかも玄関から家の中に上がることなく、直接アル・フレスコに行けます。
さらに道路からは遮断されているので、プライバシーが守られている点もメリットだと思います。

外のお店で集まる場合、子どもと一緒にとなると、いくら周囲が寛容だったとしても、「子どもがうるさくないか」とか、「周囲に迷惑をかけていないか」などと、人の目が気になるものですが、アル・フレスコなら余計な心配はいりません。だから家族や仲間が集まりやすい家になるんです。まだまだコロナの状況は予想がつかず、外食がしづらい日々が続くでしょうから、家でカフェ気分を味わったり、バーベキューを気軽に楽しんだり、自宅がちょっとした非日常空間にもなる点でもアル・フレスコは魅力的だと思います。

とはいえ、広い敷地でないとアル・フレスコはできないのでは？　と思う方もいるかもしれませんが、そうではありません。リビングから境界まで、2・5mくらいしかなくてもアル・フレスコはつくれます。建物との境界が1・4mしかないところでも、屋根を残したまま外壁を引っ込めて、ソファを置いたり植栽を植えたりしたケースもあります。このスタイルが世の中に広まれば、もっともっと幸せな気分になれる人が増えるのではないかと思っています。

広いリビングが家族に与えるメリットは…

最近、リビングやＬＤＫをできるだけ広くする注文住宅が増えていると感じます。

広いリビングやＬＤＫがあると、家族が同じ空間にいながらそれぞれ好きなこと、たとえば家事をしたり、宿題をしたり、ストレッチしたり、お手伝いをしたり、読書をしたりすることができます。一方、狭いリビングでは、同じ空間にいながら別々のことをするのは難しいです。

ＬＤＫスタイルが一般的になる前の日本の住宅は、和室六畳の二間つづき＋縁側などで、同一空間の中に家族が一緒にいることが多かったと思います。その頃も、同じ空間の中で家族が家事をしたり、内職をしたり、読書をしたりして過ごしていたと思います。

子どもにとって住まいは、原風景となります。

日常生活の中で、「親はいつも編み物をしていたな」とか、「一緒に将棋をしたな」とか、「本を読んでいたな」という日常のありふれた体験こそ、ふとしたときに思い出すシーンとして記憶されていきます。

ですから、ＬＤＫをなるべく広い空間にして、家族それぞれが別々のことをするとしても、同じ空間に集まってくるという最近流行のスタイルは、大切なことなのではないかと考えています。

書斎ダイニングが働き方を変える!

2020年は、新型コロナウイルス対策の一環で、「テレワーク」「リモートワーク」という言葉が流行しました。新しい働き方ですね。これにより、自宅が仕事場になり、たくさんの人が、家にいる時間が増えました。

テレワークが今後定着していけば、自宅での働きやすさを追及した「書斎ダイニング」というスペースが自宅の新たな空間として浸透していくのではないかと思っています。書斎ダイニングとは、3年前に弊社で考案したものです。個室のイメージが強い書斎をあえてダイニングと融合させた間取りで、リモートワークにも最適。家族それぞれが並んで作業スペースを確保できるように、キッチンの横に超大型の造り付けのダイニングテーブルを設けました。日中はデスクワークができますし、子どもが帰ってくれば、近くで勉強することもできます。通常よりも縦長のテーブルなので、家族それぞれが用途を使いわけて利用できるのです。

窓側の造り付けテーブルにPCや仕事道具を置くことも可能で、ダイニングテーブルがパッと片付くので、あっという間に「食卓の場」に変身します。書斎ダイニングがあれば、リモートワークがスタンダードな家庭はもちろん、一時的に自宅で仕事をしないといけない場合でも、快適に過ごすことができます。

なぜなら書斎ダイニングがある家には、別に独立したリビングがあるからです。料理したり、食事したり、宿題をする場所を一か所にまとめて、くつろぐためのスペースのリビングと分離させています。

そうすると、勉強や仕事で疲れて「ちょっと休憩」というときに、リビングのソファでゆったりすることができます。仕事をしている横で料理がはじまって、集中できず仕事がはかどらないという場合でも、仕事道具を持ってリビングに行けば大丈夫です。

現在の新築住宅は、LDKが一体になっている間取りが90%以上なのではないでしょうか。LDKが一体の住宅に住んでみて不満が出る点を解消したのが、この書斎ダイニング方式です。実際に住んでいるご家庭からも大好評です。

七呂建設の在宅ワーク用住宅「書斎ダイニング」。家族が一緒に、それぞれの仕事や勉強ができるよう、長いテーブルを採用。キッチンが近いので、炊事をしながら子どもの宿題を見るのにも便利

さらに友人などを招くときに、ＬＤＫ一体型だと片付けが大変です。でも書斎ダイニングはリビングと、キッチン・ダイニング・勉強または家事をするスペースとがもともと分かれているので、片付けをほとんどしなくても来客をリビングに通すことができるというところも喜ばれている点です。

家事を激減させる家づくり

家事動線の良い間取りで自由時間が増えます

住宅を建てるうえで、暮らしの豊かさということについて考えると、やはり日常の家族との時間や自分にとって価値のある時間をどれだけつくることができるかで、豊かさの感じ方が全然違ってくると思っています。お客様が家を建てても、家族と過ごす時間が一切とれない、自分の時間がとれないのであれば、暮らしの価値が上がったようには感じてもらえないと思います。

ですから、間取りを考えるときに第一優先にするべきことは、「家事がしやすい家にする」ということです。日常を豊かにするためには家事動線の良い家をどれだけ工夫して設計できるかにかかっていると思います。

実際に家事の時間について調査したデータは、内閣府男女共同参画局による「6歳未満の子供を持つ夫婦の家事・育児関連時間」があります。世界の中でも日本女性の家事時間はずいぶん長いのですが、その内容を細かく分析してみるとこのようになります。

家事と育児の時間について、日本は妻が7時間34分で、夫は1時間23分で合計すると1日のうち約9時間を充てているとの結果が出ています。さらに細かく見てみると、この中で育児の時間は妻が3時間45分で、夫は0時間49分となっています。

育児の時間について今回は除外しておきたいので、純粋な家事時間に絞って見てみます。そうすると、妻が3時間49分で、夫は0時間34分。合計すると4時間23分を毎日家事の時間に充てている計算になります。妻の家事時間が夫の約7倍も長いのが日本の一般的な家庭であるという調査結果です。

6歳未満の子どもを持つ夫婦の家事・育児関連時間（1日あたり）の国際比較

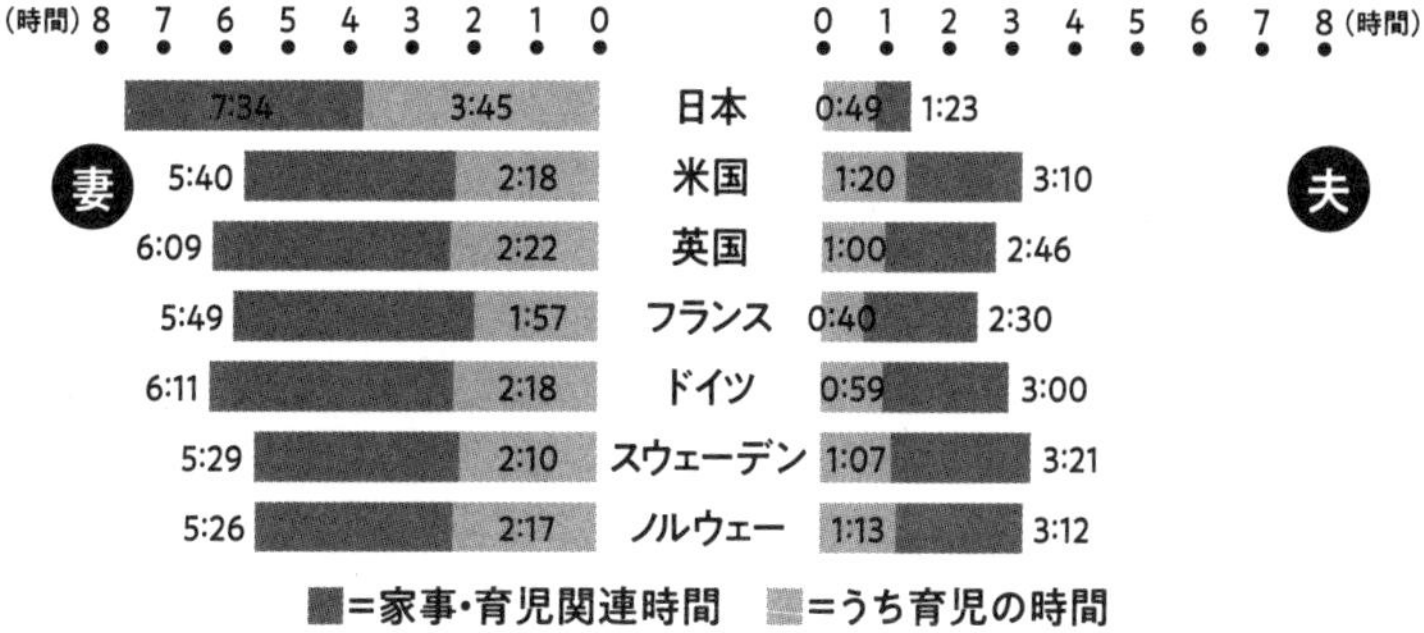

「男女共同参画白書 平成30年版6歳未満の子供を持つ夫婦の家事・育児関連時間（1日当たり,国際比較）」（内閣府・男女共同参画局）（https://www.gender.go.jp/about_danjo/whitepaper/h30/zentai/html/zuhyo/zuhyo01-03-08.html）を加工して作成

妻と夫1日の平均家事時間の比較

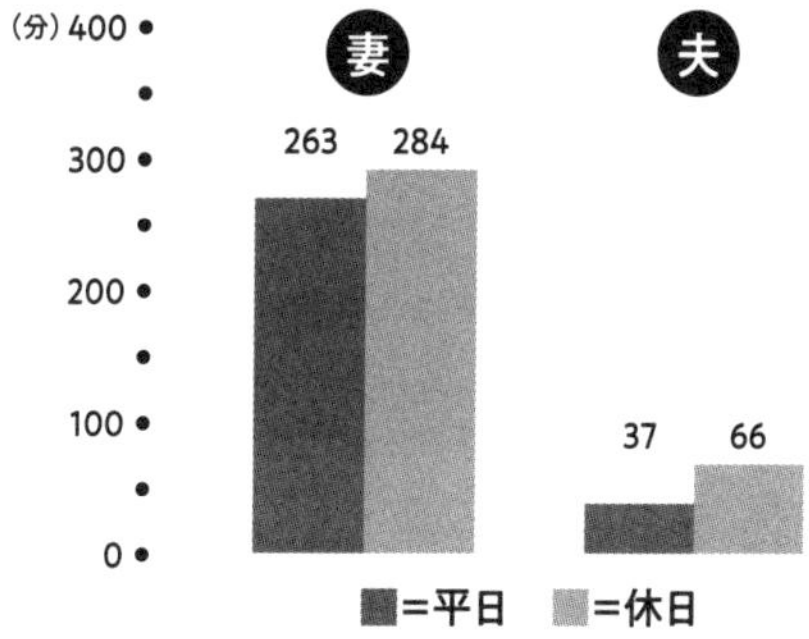

「2018 年社会保障・人口問題基本調査 第 6 回全国家庭動向調査 報告書」（国立社会保障・人口問題研究所）（http://www.ipss.go.jp/ps-katei/j/NSFJ6/Mhoukoku/Mhoukoku.pdf）を元に作成

私は、この女性の家事時間である3時間49分を、建築設計の工夫次第で半分の時間に短縮にすることを目標として家を設計しています。

なぜかというと、家族の時間や自分の時間を捻出するのに、仕事の時間を減らすことは建設的だと思えないですし、収入減につながる可能性があるので現実的ではありません。また、育児の時間は大変ではあるけれども、人間として必要な喜びを感じることができる時間であって、豊かさの一つだと思います。でも、日常的な家事の時間をもしも減らすことができれば、減らした時間を家族団欒の時間でも趣味の時間でも、他のことに充てられます。

女性の家事の時間にフォーカスしていますが、当然女性に限ったことではありません。ご主人の家事も自然に軽減されます。自由に使える時間が毎日2時間増えたら何をしますか？　わくわくしますよね。子どもの勉強を見てあげられるかもしれないし、仕事のスキルアップの勉強ができるかも、友人や親兄弟との時間に充てることもできる、健康維持のための運動の時間にすることだって可能です。

家事計画を設計に取り入れることで、毎日、約4時間も家事に時間を使っている日本女性の支えになれると思います。家を建てたあとに、奥様の家事が楽になれば、元々家事時間の少ない男性にとっても相当メリットがあります。奥様が毎日気分良く過ごしてくれている家に帰れるのは、とても幸せだと思いませんか？

〝見えない家事〟の負担を減らしたい！

家事についてもう少し詳しく話すと、今はお掃除ロボットや全自動洗濯機で乾燥までしてくれるものもありますが、料理・料理の片付け、整理整頓、洗濯物の収納、ゴミ出し、トイレの掃除、お風呂の掃除、布団干し、買い物などなど……。このあたりは、いわゆる「見える家事」ですね。

これだけを家事だと思っていたら、私の言っている家事の時間を半分にするという考えがそんなに大事なことだとは理解できないんです。少し前に「見えない家事」という言葉が話題になったのを覚えているでしょうか？　男性の方は知らない人も多いかもしれませんが、家事は見えるものだけではなく、名前のついていないような、見えないものもたくさんある。そしてそういった見えない家事はたいがい妻（女性）がやっているのに、夫（男性）は気づいていないという話です。あのときに社内の女性社員、特に幼稚園や小学生のお子様を抱えた女性社員は全員賛同していました。

実は私も妻に内緒で、よかれと思ってゴミ出しをしてみたことがあるんです。だけど、気が付いたらその後、妻はもう1回ゴミ出しをしているんですよ。「さっきゴミは出したよ」と言ったら、「ありがとう」と返事をしてまだゴミ出しをしているんです。不思議なのでよーく見てみたら、冷蔵庫の中のいらなくなったものを詰めたり出したり、水っぽいものは水を切ってから新聞紙に包んだりと細かく色々と捨てる準備をしているんですね。

そのときに思ったんですよ。日本の男性の家事時間が少ないというデータも納得だし、安易に男性の家事の負担を増やすなんて、数年ではできないと悟りました。だから、建築技術が専門の私としては、家事を頑張っている女性達が少しでも楽になる家をつくることが大事だと思ったんです。

家事に費やしていた時間が家族の時間になる

これを読んでいる「見えない家事」をまだ知らない男性陣に伝えたいことは、「見えない家事」が見えるようになるには相当な努力がいるし、ましてそれを手伝えるようになることを目指すのは、かなりハードルが高い。だって冷蔵庫の中がいっぱいになっていても、どう片付ければいいかわからない。いるものを捨てたら怒られるわけですし……。もちろん男性もやるように努力はする、努力はするべきだけれど、世界一の家事レベルを誇る日本の女性達に満足してもらえるほど、家事を負担できる男性は相当稀有《けう》だと思います。

それよりも、どうせ家を建てるなら、設計をできるだけ工夫をして家事を楽にしてみよう。それが今まで「見える家事」と「見えない家事」両方を負担していた女性に対しての優しさになるのではないか？　ということです。

私自身、家事については完敗だからこそ「ママが綺麗になる家」というシリーズを開発したりしています。暮らしを豊かにするには、間取りの工夫の中でも、家事のしやすさを最優先したほうがいい。

もう少し具体的には、機械に頼る部分と人がする部分、時々手伝ってくれる人がいるのか、家族は家でどう行動するのか？　そのあたりをしっかりと把握したうえで、家事計画をつくるんです。考えてみたら、オフィスや店舗などは当然効率的になるように設計をしているわけだから、家だって同じように家事計画を設計に取り入れるべきだと思います。

自然に家事が楽になる家にすると、日常の数分が積み重なって、家族の時間を増やすことができます。家事計画を取り入れることで建築コストが大きく増えることもありません。趣味やデザインの希望だって叶えられます。家事時間を短くする工夫を取り入れても損することは一つもありません。家族の時間が増えることは、生活の豊かさに直結する大切なことだと思いますので、家づくりにおいては積極的に考えてみてはいかがでしょうか？

七呂建設の「ママが綺麗になる家」のランドリールームは換気設備により室内で洗濯物が乾く。衣類収納も完備。洗う、干す、しまう、着るが一室で済ませられる

生活が変わるスマートホームとは

最後に住宅の最新事情についても触れておきたいと思います。皆さんは「ＩｏＴ住宅」をご存知ですか？「スマートホーム」とも言われていますが、Internet of Things（日本語では「もののインターネット」）の略で、様々なものがセンサーなどを通じインターネットに接続され情報交換を行い、相互に制御する仕組みのことをいいます。

「ＩｏＴ住宅」はそうした最先端技術を利活用し、暮らしを快適にすることを目的とした、便利な家のことです。たとえばスマートフォンのアプリで家の鍵を施錠したり、照明をつけたり消したり、テレビやエアコンなどを操作したり、ＡＩスピーカーと連動させることもできます。

IoT住宅はスマートマスターにアドバイスを聞こう

家電製品協会が認定している「スマートマスター」という資格があります。これは「スマートハウス」についての資格で、資格保有者は住宅、通信、家電、省エネ、太陽光発電、蓄電池、ZEHなど、幅広い分野にわたる専門知識を持っている必要があります。スマートハウスを意識しているのなら、この資格を持っている人にアドバイスをもらいましょう。

スマートハウスというと大げさですが、インターネットに接続しやすい家だって、専門知識があるなしでは大違いです。インターネット接続の配線やWi-Fiについて考えないで家を建てると、いざ住んでみたら1階は問題ないけれど、2階の特定の部屋ではインターネット接続がしにくくて不便だった、なんていうことはあり得ます。これからの世の中、IoTはどんどん普及していくので、スマートハウスについて意識していてもいいのかもしれません。

平成28年度の「住宅におけるIoT/ビッグデータ利活用促進に関する検討会」では、中長期的に国内の新築住宅市場の縮小が見込まれる中、IoT技術やAIの進展を背景に、住宅産業においてもビッグデータを活用したサービス創出など、新たなビジネスモデルによる成長の促進が求められました。

住んでいる人の生体データ（体温、血圧、脈拍など）を計測して健康管理をしてくれるシステムを組み込んだ住宅や、住人が目を覚ますとスマートフォンがそれを感知して室内照明や雨戸をコントロールしたり、体重計やミラーディスプレイで健康状態やその日の天候情報を知らせたり、外出先から施錠状態や室内の家電品の稼働状況を一括管理・制御できるなど、可能性が広がっています。

水まわりに関しても、同居家族の浴室への入室状況をスマホ画面で確認できたり、設定時間を経過するとアラームが鳴って、のぼせ湯対策ができる仕組みをつくる会社もあるようです。もちろんこれらのプライバシーの保護も重大な課題で、本人が知らないうちに、毎朝何時に起きているとか、健康状態などが、インターネットを介して第三者に伝わらないようにしないといけません。

また、新型コロナウイルスの感染拡大をきっかけに、様々な住宅設備機器でも触らないで操作できることが求められてきました。たとえば水道で、手をかざすことでセンサーが感知して、自動で水を出したり止めたりすることができる「タッチレス（非接触）水栓」が、住宅設備機器メーカーやハウスメーカーなどを中心に、積極的に提案されているようです。衛生面でのメリットだけでなく、手で直接レバーなどを操作する水栓に比べて水の出しっぱなしが減ることで、節水効果も期待できるようです。ほかにも室内の引き戸で、手をかざすと自動でスライドするものもあります。非接触のためだけでなく、荷物で両手がふさがっているときでも開けられるので便利です。こうした新しい技術によっても、住宅はどんどん進化しています。

おわりに

毎日の朝礼で社員全員で唱和している理念の中に、「私たちは新しい技術にも果敢に挑戦し、お客様の生命や財産を守り、そして発展の基となる住環境創りを行います」という一文があります。

住宅は災害から命を守るべきものですし、住宅も大きな財産なので、それ自体の価値を損なわれないようにする必要があります。

そして、その住環境で生活することで、家族が仲良く過ごし、家庭円満や仕事の発展、地域の活性化、そして日本に住む人々が幸せになって、さらなる世の中への貢献ができたらいいなという思いを込めて、この理念を作りました。

本書では、第1章から第4章に住宅という財産への「守り」について、第6章に住宅の将来や暮らす人々の「発展」をつづっています。

私は、家業の建築業に携わって22年ですが、住宅を始めて14年で多くの方に支持・ご助力・見守っていただき、ここまで成長してこられました。

実績としては、鹿児島県内で２０１８～２０２０年度の３年が住宅着完工棟数ナンバーワンとなりました。

この場を借りて感謝申し上げます。

今後とも「初心忘るべからず」で、お客様に感動を与えられるような仕事をしたいですし、また、「お客様や仲間・世の中の人々を幸せにする会社」にできるように努力・精進していきたいと思っています。

最後に、これから家を建てたり購入する方々に本書がお役に立てば幸いです。

株式会社七呂建設　代表取締役社長　七呂恵介

参考文献

『災害の真実が分かればWRC鉄筋コンクリートの家を建てたくなる』
石原宏明（家研出版）

『ガン患者に学ぶ健康住宅』
安保徹・石原宏明（PHP 研究所）

『木造住宅の耐震診断と補強方法』「誰でもできるわが家の耐震診断」
国土交通省住宅局（監修） 日本建築防災協会（編集）

『検証 熊本大地震』
日経アーキテクチュア、日経ホームビルダー、日経コンストラクション（編集）（日経 BP ムック）

『笑って長生き』
昇幹夫（大月書店）

『笑顔がクスリ～笑いが心と体を強くする～』
昇幹夫（保健同人社）

『最新版　笑いは心と脳の処方せん』
昇幹夫（二見レインボー文庫）

一般社団法人日本木造住宅産業協会 HP
（「省令準耐火構造」 https://www.mokujukyo.or.jp/initiative/ministry/）

『「熊本地震における建築物被害の原因分析を行う委員会」報告書』
（平成 31 年 4 月 16 日修正版）国土交通省

『住宅の性能等に関する参考情報の概要』
国土交通省（https://www.mlit.go.jp/common/001204021.pdf）

『第 6 回全国家庭動向調査』
国立社会保障・人口問題研究所（http://www.ipss.go.jp/ps-katei/j/NSFJ6/Mhoukoku/Mhoukoku.pdf）

『男女共同参画白書 平成 30 年版』
男女共同参画局（https://www.gender.go.jp/about_danjo/whitepaper/h30/zentai/）

気象庁 HP
（http://www.jma.go.jp/jma/）

『「省令準耐火構造の住宅」の特徴』
住宅金融支援機構（フラット 35 サイト　https://www.flat35.com/files/100163462.pdf）

出版プロデュース：株式会社天才工場　吉田浩
協力：西村智宏
本文デザイン・図表作成：STANCE（中原克則）
DTP：センターメディア
本文イラスト：株式会社アット　イラスト工房（P39,P46,P64,P67,P87,P118）
写真・画像提供：株式会社七呂建設

著者紹介

七呂恵介　1977年鹿児島県生まれ。一級建築士。横浜国立大学工学部建築学科修了後、穴吹工務店を経て2000年4月より七呂建設へ入社。2015年5月に3代目社長に就任。太陽光発電やリフォーム、住宅部門を立ち上げ、2006年に住宅業界に本格参入。「ママが綺麗になる家」やZEH標準仕様住宅「ZEROENE ±」、巣ごもり需要に応える「アル・フレスコ」など数々の住宅企画を生み出し、わずか12年で七呂建設を鹿児島県内No.1ビルダーに成長させた。

地震《じしん》・水害《すいがい》・台風《たいふう》・土石流《どせきりゅう》…など徹底対策《てっていたいさく》！
災害《さいがい》に強《つよ》い家《いえ》はこうつくる

2021年12月15日　第1刷

著　者　七呂恵介《しちろけいすけ》
発行者　小澤源太郎

責任編集　株式会社 プライム涌光
電話　編集部　03(3203)2850

発行所　株式会社 青春出版社
東京都新宿区若松町12番1号 〒162-0056
振替番号　00190-7-98602
電話　営業部　03(3207)1916

印刷　三松堂　　製本　フォーネット社

万一、落丁、乱丁がありました節は、お取りかえします。
ISBN978-4-413-23195-4 C0036